一番わかりやすい
# きほんの料理と献立

市瀬 悦子

日本文芸社

## はじめに

料理を作り続けてきたなかで、気づいたことがあります。
レシピにはおいしく作るための基本やコツがたくさんあって
それにはちゃんと「理由がある」ということ。
だからこそ、ちゃんと作れば、必ずおいしい！のです。

本書では、ちゃんと作るコツ、おいしくなる理由をしっかり解説していますので、
みなさんは、料理教室に通っているような気持ちで、
まずはレシピ通りに作ってみてください。
レシピ「通り」にしなければいけないことは、思ったより多いかもしれません。
でも、それをきちんと行うことが、料理上手への一番の近道なんです。

世の中には、手間を省いた簡単レシピもたくさんありますが、
省いたり、自分なりにアレンジするのは、実は応用です。
応用は、基本の作り方、おいしさを知ってから。

料理には好みがあって、各家庭の味があるもの。
本書のレシピでちゃんと作れるよう基本を身につけたら、
ぜひ、自分の味作りにチャレンジしてみてください。
「手作りっておいしいな」と感じて、
料理を楽しく作れるようになってもらえたらうれしいです。

市瀬悦子

# CONTENTS

3 はじめに

8 料理上手になる一番の方法は
**レシピを"とことんマネする"ことです!**

10 **LESSON 1** レシピの「読み方」を知る

12 **LESSON 2** レシピ通りに「下準備」する
- □ 道具をそろえる
- □ 材料をはかる
- □ 材料を切る
- □ 下ごしらえをする

20 **LESSON 3** おいしいルールで「調理」する
- □ 味つけのルール
- □ 加熱のルール
- □ 加減のルール
  火加減／水加減／油の温度

## PART 1

これさえおいしく作れれば!
**ヘビロテ決定の「定番メニュー」**

26 豚のしょうが焼き
28 ハンバーグ
30 肉野菜炒め
32 肉じゃが
34 さばのみそ煮
36 鶏のから揚げ
38 マーボー豆腐
40 グリーンサラダ
42 [ 基本のドレッシング ]
　 フレンチドレッシング
43 [ ドレッシングバリエーション ]
- ● シーザー風ドレッシング
- ● 和風しょうがドレッシング
- ● 中華ごまドレッシング
- ● エスニックドレッシング
- ● 韓国風ドレッシング

44 だし巻き卵
46 鶏の照り焼き
48 とんかつ
50 えびマカロニグラタン
52 ポテトサラダ

54 **COLUMN**
**料理のギモン** 下準備編

## PART 2

肉も魚もしっかりマスター！
# 得意料理にしたい「メインおかず」

- 56 豚の角煮
- 58 ミートボールのトマト煮
- 60 焼きぎょうざ
- 62 鮭のムニエル
- 64 ポテトコロッケ
- 66 えびチリ
- 68 チキンクリームシチュー
- 70 あじの南蛮漬け
- 72 筑前煮
- 74 カリカリチキンソテー
- 76 ぶり大根
- 78 かれいの煮つけ
- 80 かき揚げ
- 82 アクアパッツァ
- 84 鶏ハム
- 86 冷しゃぶサラダ
- 88 バンバンジー
- 90 **COLUMN** 料理のギモン（調理編）

## PART 3

家庭の味からカフェメニューまで！
# 献立にも役立つ「サブおかず」

- 92 ほうれん草のおひたし
- 94 きんぴらごぼう
- 96 ひじきの煮物
- 98 かぼちゃの煮物
- 100 きゅうりとわかめの酢の物
- 101 いんげんのごま和え
- 102 あさりの酒蒸し
- 103 2色ナムル
- 104 蒸し野菜のバーニャカウダ
- 106 ラタトゥイユ
- 108 ほうれん草とベーコンのキッシュ
- 110 キャロットラペ
- 111 コールスロー
- 112 スモークサーモンのマリネ
- 113 ピクルス
- 114 [ 基本の卵料理 ]
  - ●ゆで卵
  - ●目玉焼き
- 115 スクランブルエッグ
- 116 **COLUMN** 食材の保存方法（冷蔵・常温編）

## PART 4

炊飯の基本から丼、麺、パンまで！
# 大満足の一品メニュー
# 「ごはん・汁物」

- 118 [ごはんの炊き方]
  七分がゆ
- 120 塩おにぎり
- 122 [だしの取り方]
  昆布と削り節のだし
  煮干しだし
- 124 豆腐とわかめのみそ汁
- 125 [みそ汁バリエーション]
  - かぼちゃと玉ねぎのみそ汁
  - ちくわとキムチのみそ汁
  - あさりのみそ汁
- 126 鶏ときのこの炊き込みごはん
- 128 オムライス
- 130 チャーハン
- 132 牛丼
- 134 いなり寿司
- 136 フライパンパエリア
- 138 ミックスサンド
- 140 トマトソーススパゲッティ
- 142 カルボナーラ
- 144 ミネストローネ
- 146 かき玉汁
- 148 COLUMN
  食材の保存方法 冷凍・解凍編

## PART 5

メイン・サブを組み合わせて！
# おいしい食卓を作る
# 「献立1週間」

- 150 **献立の組み立て方の基本**
  - **STEP 1** メインのおかずを決める
  - **STEP 2** サブのおかずの食材を決める
  - **STEP 3** サブのおかずの味つけを決める
- 153 1週間の献立バランスノート
- 154 月曜日
  ぶりの照り焼き献立
- 156 **メインのおかず** ぶりの照り焼き
- 157 **サブのおかず1** 大根とかにかまの和風サラダ
  **サブのおかず2** 青菜とコーンのバターみそ汁
- 158 火曜日
  韓国風肉じゃが献立
- 160 **メインのおかず** 韓国風肉じゃが
- 161 **サブのおかず1** レタスとのりのうま塩和え
  **サブのおかず2** わかめ春雨スープ
- 162 水曜日
  親子丼献立
- 163 **メインのおかず** 親子丼
  **サブのおかず** 白菜としいたけのごまみそ汁
- 164 木曜日
  マーボーなす献立
- 166 **メインのおかず** マーボーなす
- 167 **サブのおかず1** ささみとほうれん草のねぎ塩和え
  **サブのおかず2** 大根ときゅうりの中華漬け

| | | |
|---|---|---|
| 168 | 金曜日 | |
| | ツナの炊き込みカレーピラフ献立 | |
| 170 | メインのおかず　ツナの炊き込みカレーピラフ | |
| 171 | サブのおかず1　えびとアボカドのヨーグルトサラダ | |
| | サブのおかず2　フレッシュトマトのスープ | |
| 172 | 土曜日 | |
| | チキン南蛮献立 | |
| 174 | メインのおかず　チキン南蛮 | |
| 175 | サブのおかず1　オニスラ梅やっこ | |
| | サブのおかず2　かぶのゆず浅漬け | |
| 176 | 日曜日 | |
| | きのこの煮込みハンバーグ献立 | |
| 178 | メインのおかず　きのこの煮込みハンバーグ | |
| 179 | サブのおかず1　れんこんとセロリのレモンマリネ | |
| | サブのおかず2　かぼちゃとくるみのサラダ | |
| 180 | COLUMN | |
| | 盛りつけのコツ | |
| 181 | 切り方・下ごしらえの基本 | |
| 188 | レシピ用語の基本 | |
| 190 | 食材別さくいん | |

**＜レシピについて＞**

□計量単位は大さじ1＝15ml、小さじ1＝5ml、1カップ＝200mlです。

□特に表記がない限り、野菜は調理前に必ず水で洗ってください。また皮をむく、ヘタを取るなどの作業を省略している場合があります。

□「だし」は昆布と削り節のだし（→P.122）を使用しています。市販のだしを使う場合は表示通りに使い、味を見て加減してください。

□「砂糖」は上白糖、「塩」は精製塩、「酢」は米酢、「しょうゆ」は濃口しょうゆ、「みそ」は淡色みそ、「酒」は日本酒、「みりん」は本みりんを使用しています。

□火加減や加熱時間はレシピの表記を目安に、状態に合わせて調整してください。

□電子レンジの加熱時間は600Wの、オーブントースターは1000Wの場合の目安です。機種によって差が出る場合があるので、様子を見て加減してください。

□調理時間は下準備から仕上げまでのおおよその時間です。ただし、戻す、漬け込む、冷ますなどの時間は、含まれていない場合があります。

# 料理上手になる一番の方法は
## ＼とことん／
# レシピを"マネする"ことです！

### おいしくする方法は
### レシピがすべて教えてくれる！

レシピは、「料理がおいしくなる答え」が書かれた解説書。材料の選択から分量や切り方、鍋に入れる順番や加熱時間、味のつけ方まで、それぞれには理由があり、1つずつ正確に行っていくことがおいしさにつながります。まずは本書でレシピ通りに作り、おいしい味の基準を身につけましょう。

### 「なんかイマイチ」なのは
### とことんマネしていないから

レシピを見て作っても「おいしくできない」のは、レシピ通りにちゃんと作れていないから。ところどころ自己流が入っていたり、面倒だからと省いていたり……。実はこのちょっとの部分がとっても大切。本書では手順を丁寧に解説し、誰でも「レシピ通りに作れる＝完コピできる」を目指します。

### レシピ通りに作れば段取りも
### 身について料理上手に！

食材を切る順番、下ごしらえの流れなど、レシピに書かれた工程は、効率よく作業できるように考えられたもの。はじめはレシピを何度も見直したりして時間がかかりますが、繰り返し作っていけば、料理の段取りが身について、自然に手が動くようになります。

# 初めてでも今日から絶品が作れる！
# 3つのスペシャルレッスン

**おいしくなる答えはココに！**
## レシピの「読み方」を知る

レシピを見て「?」が多いと、作る前にやる気もダウン。そうならないように、何を準備してどう進めるのか、レシピの読み方を細やかに解説。**レシピが読めるだけで料理の腕が上がります。**→P.10へ

**絶品とイマイチの分かれ道！**
## レシピ通りに「下準備」する

いよいよ実践編。まずはレシピ通りに**省かずきちんと準備することが、最も重要**。道具の選び方から、正しいはかり方、切り方、下ごしらえの仕方まで、基本の「き」をしっかり押さえます。→P.12へ

**料理上達の早道！**
## おいしいルールで「調理」する

味つけの順番や食材を入れる順番、火加減など、**調理の手順にはいろんな決まりごとがあります。**なぜならそこに、**おいしくなる理由があるから**。「自分流で作る」からさよならしましょう。→P.20へ

---

## 📖 本書でできること

PART 1〜4

**STEP UP ⇒**

### きほんのメニューをマスター
- ☑ 失敗せずに必ずおいしく作れる
- ☑ バタバタせずスムーズに作れる
- ☑ 料理をふるまう自信がつく！

PART 5

### 献立の立て方をマスター
- ☑ メインとサブの合わせ方に迷わない！
- ☑ 家族もうれしいおいしい食卓になる

# LESSON 1

おいしくなる答えはココに！
# レシピの「読み方」を知る

**完成写真は盛りつけの参考に！**

**「コツ」を読んでポイントを確認！**
事前にポイントを覚えておくと、目的を理解して調理でき、上達にもつながります。

**調理時間の目安に**

**マークと同じ調理道具を使うのが成功のカギ**
材料の分量、調理法に合わせたベストな道具とサイズを選んでいます。

CHECK! 道具をそろえる →P.12

**最適な材料と分量はそのまま準備が鉄則！**
一番おいしく作れる材料なので、まずはそのままそろえて味を覚えましょう。

CHECK! 材料をはかる →P.16

---

### 豚のしょうが焼き
しょうがの風味としょうゆの香ばしさが食欲をそそる！

\ 料理のコツ /

1 豚肉は「筋切り」で反らずにきれいに仕上げる

2 風味アップの秘密は仕上げのたれに入れるすりおろししょうが

3 肉のやわらか食感は「焼きすぎない！」が鉄則

TIME 15分　KITCHEN TOOL 26cm

**材料2人分**

豚ロース肉（しょうが焼き用）……8枚（300g）
A｜しょうゆ……大さじ1・1/2
　｜酒……大さじ1
　｜みりん……大さじ1
　｜しょうが汁……小さじ1
しょうが……1かけ
サラダ油……大さじ1
付け合わせ
水菜、トマト……各適量

本書では"一番わかりやすい、絶対おいしく作れるレシピ"をご紹介。
レシピを読むだけで、おいしく作れる理由がわかります。

LESSON 2

## 絶品とイマイチの分かれ道！
# レシピ通りに「下準備」する

**道具をそろえる**

**最適なサイズを使うからおいしい！**
レシピの切り方や火加減、加熱時間は、基本の道具に合わせたもの。サイズが違えば火の通り方が変わるため、レシピ通りに作っても「おいしくできない」原因に！まずは同じ道具で作りましょう。

**ふたつきがベスト！**
蒸し焼きはもちろん、湯を沸かしたり、煮たり蒸したり、鍋同様の使い方ができます。

🍳 **1台6役！**

焼く／炒める／揚げる／ゆでる／煮る／蒸す

## フライパン

**鶏肉2枚がピッタリ！
大きなサイズはメインで使用**
2人分のメインのおかずを一度に作れるベストなサイズ。葉物やいんげんなど長い食材をゆでるのにも便利。ふたつきのフッ素樹脂加工を選びましょう。

**オムライス1個に丁度いい
小さいサイズはサブ使い**
オムライスなど1人分ずつ作る料理のほか、付け合わせやお弁当のおかずなど少量のおかずを作るときに。サブ用に持っておくと何かと重宝します。

料理を作る前に覚えておきたい基本中の基本が下準備。
「なんとなく」「まいっか」ですませていた部分が実は絶品を作るカギなんです！

## 鍋

**両手鍋・大**
豚の角煮など多めに作りたいメインの煮込み料理や、たっぷりの湯で麺類をゆでるときにあると便利。ふたつきのステンレス製が◎。

**片手鍋・大**
片手で持てて小回りが効くことから主に食材の下ゆでに活躍。ひじきの煮物などサブおかずにも適しています。ふたがあるとなおよし。

**両手鍋・小**
ラタトゥイユや2人分のパスタをゆでるのにぴったりのサイズ。野菜の下ゆでや蒸し料理など、メイン・サブどちらも使えて便利です。

**片手鍋・小**
みそ汁など2人分の汁物に丁度いいサイズ。少量の野菜をゆでたり、ピクルス液やホワイトソースを作るときにも活躍します。

---

## ベストなサイズの選び方

丁度いいと煮崩れしない！

**1 作る人数を決める**
2人分、4人分では選ぶべきサイズが異なります。まずは基本の作る人数を確認してサイズ選びの目安に。本書では2人分を基本にしています。

**2 用途を決める**
煮込み、下ゆでなど、ある程度用途を決めるとサイズも選びやすくなります。料理を覚えながら、必要に応じて買い足していきましょう。

**3 よく作る料理を見直す**
一度にそろえるのは大変なので、作りたい料理の道具から順にそろえていけばOK。まずは万能に使える大きいフライパンから始めてみましょう。

13

LESSON 2　レシピ通りに「下準備」する

## 切る道具

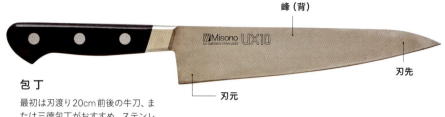

峰（背）
刃先
刃元

### 包丁
最初は刃渡り20cm前後の牛刀、または三徳包丁がおすすめ。ステンレス製を選べば、さびにくくてお手入れもラクチンです。

### ピーラー
包丁慣れしていない人でも、皮むきがスムーズにできる便利なツール。刃の横の突起でじゃがいもの芽を取ることもできます。

### まな板
きゅうりや葉物など、長い野菜がはみ出さずにのせられると、作業がしやすくて便利。素材はカビが生えにくい樹脂製のものを選んで。

## 下ごしらえの道具

＼レンジ調理に便利！／

### ボウル
洗う、混ぜる、和えるなどの下ごしらえ用に、大中小で3つそろえると便利。ステンレス製のほか、レンジに使える耐熱ガラス製も◎。

### ざる
水、湯きりに大小2サイズそろえておきましょう。ボウルと同じサイズなら合わせて使えます。ほかに柄つきタイプもおすすめ。

### バット
切った食材を並べたり、下味や衣をつけたりと用途はいろいろ。食材の仕分けにも便利なので、まずは大中小で3つそろえ、必要に応じて買い足して。

14

## はかる道具

**計量スプーン**
調味料の計量に欠かせない大さじ1、小さじ1をセットでそろえて。

**計量カップ**
1カップ＝200mlをはかる道具。目盛りが見やすいものを選んで。

**スケール**
野菜をはじめ食材の計量に必須。デジタルタイプが便利です。

**タイマー**
レシピ内の時間をきっちりはかります。操作が簡単だと焦りません。

## 混ぜる、すくう道具

**菜箸**
炒める、和えるなどいろんな調理に活躍。持ちやすい長さを選んで。

**木ベラ**
炒めたり混ぜたりの調理に。調理道具を傷つけない木製がおすすめ。

**トング**
食材をつかみやすく、返したり混ぜたりと、菜箸と同様に使えます。

**お玉**
汁物や煮物を混ぜたりよそう道具。すくいやすく注ぎやすいものを。

**フライ返し**
肉や魚を返したりよそうときに。フライパンにやさしい樹脂製が◎。

**アク取り**
網の目が細かく、鍋中に浮いたアクをきれいにすくえる便利ツール。

---

### 落としぶたはオーブンシートで簡単手作り

煮物に欠かせない落としぶたを道具に合わせて手作り。

**1**
正方形に切って4つ折りに。三角形に折って半分に折る。

**2**
フライパンや鍋の大きさに合わせて端を切り落とす。

**3**
中心になる先端を5mmほどカットする。

**4**
輪になっている辺を6〜7mmずつ三角に切り落とす。

---

### あると便利な道具

- ☑ シリコン製ゴムベラ
- ☑ 卵焼き器
- ☑ おろし器
- ☑ 網つきの揚げバット
- ☑ オーブンシート
- ☑ ペーパータオル
- ☑ 竹串

**LESSON 2** レシピ通りに「下準備」する

## 材料をはかる

### 「大体」はNG！正確さが成功へのカギ！

レシピのおいしさを再現するためには「きっちりはかる」ことが鉄則。レシピでは主役になる食材の量に合わせて調味料の量を決めているので、肉や魚、野菜の重さもきちんと計量して、レシピをきっちりマネしましょう。

### 基本の分量

 大さじ1 = **15ml**

 小さじ1 = **5ml**

 1カップ = **200ml**

---

### スケール

ラップにオン

バットを使って

**ラップやバットをのせてスイッチオン**

野菜や肉、魚などもレシピのグラム表記通りにきちんと計量。固形物はラップをしいて、バラつくものはバットをのせて0表示にしてから食材をのせます。

**MEMO**
**レシピの「適量」「適宜」ってどういう意味？**

適量は「丁度いい分量、好みの量」をさし、加減しながら入れていきます。適宜は「必要であれば使う」という意味です。

---

### 野菜の重さの目安を知ろう！

基本的な野菜1個の重さを覚えておくと、買い物のときに選びやすくなります。

きゅうり=100g

大根1/2本=600g

にんじん=150g

パプリカ=正味120g

トマト=150g

じゃがいも=150g

#### 1かけってどれくらい？

**にんにく**
丸々1個から外した1粒。5gが目安です。極端に大きいものは切って使いましょう。

**しょうが**
親指の第一関節くらい（2〜3cm）の大きさに切ったサイズ。10gが目安です。

※本書での目安量

## 手

**少々**

**指2本でつまむ**
親指と人さし指の2本でつまんだ量。小さじ1/8くらいが目安。

**ひとつまみ**

**指3本でつまむ**
親指と人さし指、中指の3本でつまんだ量。小さじ1/5くらいが目安。

## 計量カップ

**真横から目盛りを見る**
平らな場所におき、目盛りを真横から見てジャストのところまで入れます。

**✗ NG**

**上から見てはダメ！**
上から見たり、手に持ってはかると目盛りがズレて正確にはかれないのでNG。

## 計量スプーン

### 粉類

**山盛りにしてすりきる！**
山盛りにすくってから、スプーンの柄などですーっと引き、余分な分を落として平らにすれば大さじ1。

大さじ1

**半分かき出す**
中央に線を入れ、半分をかき出せば1/2に。

大さじ1/2

### 液体

**ゆっくりと注いで**
表面張力で少し盛り上がるくらいで大さじ1。1/2は底が丸いカタチなら2/3量くらいまで注ぎます。

大さじ1

これが½！

大さじ1/2

## LESSON 2　レシピ通りに「下準備」する

### 材料を切る

**「正しく切る」それだけで実はとってもおいしくなる！**

火の通り加減や味のなじみ具合、食感も、切り方1つで様変わり。レシピより小さく切ると味が入りすぎたり、反対に大きいと火が通らなくて味が変わってしまうので要注意。

すべての切り方にワケがある　筑前煮の場合（P.72）
- 味がしみやすい
- レシピ通りに加熱すると均一に
- 煮崩れしにくい
- サイズを切りそろえる！
- ベストな切り方は乱切り！

## 包丁使いの基本ステップ

**準備｜まな板の下にペーパータオル**
水で濡らして軽く絞ったペーパータオルをしき、滑り止めに。

**握り方｜2本の指で握る**
まず親指と人さし指で柄のつけ根あたりをしっかり握ります。

**残りの指を添える**
次に残りの3本を添えるようにして柄を軽く握ります。

**手の添え方｜食材を押さえる**
指先を少し引っ込めるように軽く曲げ、ぐらつかないように食材を押さえます。

**野菜の切り方｜押して切る**
手前から前方に押しながら包丁を入れて切ります。

**肉・魚の切り方｜引くように切る**
前方から包丁を入れ、引くように切ります。

---

**レシピによく出てくる切り方見本**

 ◀千切り

 ◀みじん切り

 ◀輪切り

18

## 下ごしらえをする

**面倒くさがるのは絶対損！おいしさの底上げポイント**

「やってもやらなくても」と思われがちですが、味はもちろん、食感や見た目も変えてしまうほどでき上がりに影響するので、「省かず丁寧に」が基本。

## 雑味を消す方法

**水にさらす**
ごぼうやれんこんなど、アクの強い野菜は水にさらすことでアクが抜け、変色も防げます。

**下ゆでする**
大根やほうれん草などは、下ゆでしてアク抜きを。こんにゃくも臭みが抜けるので省かないこと。

## 肉・魚の臭みを消す方法

**水気をふき取る**
表面についた水気は臭みのもと。下ごしらえ前にペーパータオルで水気を必ず押さえます。

**塩をふる**
塩で余分な水分を出すことで味が凝縮し、臭みも抜けておいしさアップ。出てきた水気は必ずふき取って。

**余分な脂肪や皮を取る**
肉の間にある黄色い脂肪や余分な皮は臭みの原因。包丁で丁寧に取り除きます。

## 味をしっかり決める方法

**余分な水気を除く**
水気が残っていると味が薄くなったり、ベチャつきの原因に。ふき取る、絞るなど水気を除きます。

**塩もみする**
きゅうりや大根などは塩をふり、手で軽くもむと余分な水気が抜けて味がなじみやすくなります。

**下味をつける**
下味で食材のうまみを引き出すと同時に、味の骨格ができて仕上げの味が決めやすくなります。

---

 ◀ 角切り　 ◀ 半月切り　 ◀ 乱切り　 ◀ くし形切り

その他の「切り方・下ごしらえ」はP.181〜を参考に！

**LESSON 3**

# 料理上達の早道！
# おいしいルールで「調理」する

### 味つけのルール

**調味料はタイミングを覚えて入れて理想の味に！**

砂糖と塩の入れる順番を変えてしまうと味が中まで入らなかったり、野菜に火を通す前に味つけすると生煮えだったり……。味つけは調味料の割合も大切ですが、加えるタイミングや順番も大きなコツです。おいしさを作るルールとして覚えましょう。

#### ルール1

## 甘み ➡ 塩分の順に味をつける

**甘み**

**塩分**

浸透力が強い塩分を先に加えると甘みが入りにくくなるため、先に甘みをなじませてから塩分を加えます。ただし、すぐに味がなじむ食材を使う場合などは、同時に入れます。

**MEMO**
**一気に味を入れる合わせ調味料って？**
野菜炒めなど手早く調味したい料理には、数種類の調味料を一度に入れる合わせ調味料を。食感や色、つやが引き出せます。

### 加える順番

**さ**

砂糖
レシピでの砂糖は一般的に精製された「上白糖」。茶色の三温糖などは甘みが強いので分量に注意して。

↓

**し**

塩
精製度が高いサラサラの「精製塩」を使用。自然塩は商品によって塩気が異なるので味を確認。

↓

**す**

酢
米が原料でクセがない「米酢」、または穀物が原料の「穀物酢」を。洋食などでは「果実酢」が登場します。

↓

**せ**

しょうゆ
レシピの基本は「濃口しょうゆ」。色をつけたくない煮物や汁物には「薄口しょうゆ」を使うことも。

↓

**そ**

みそ
特に指定がない場合は「淡色みそ（信州みそ）」を使用。みそは産地によって味が異なるので必ず味見を。

必要な準備を整えたらいよいよ調理スタート！
外せないルールを押さえてレシピ通りに作れば、「おいしい！」はもう目前！

### ルール2

## 味をぼやかさないひと手間をきちんと行う

**下味をなじませる**
下味で味の骨格を作っておくと、味が決まりにくい料理も、奥深い味わいに。

**余分な油をふき取る**
肉や魚は、こまめに油をふき取ることで臭みが消え、たれがしっかり絡みます。

**火を通してから味をつける**
食材にある程度火を通してから味をつけていくと、味がしっかりなじみます。

### ルール3

## 味見するクセをつける

レシピ通りでも、野菜の水分量などで味が微妙に変わるので、味見をして最後に足りない味を調節します。また自分の舌で正しい味を覚えていくことで、好みの味が作れるようになります。

**味見のタイミング**
- 調味料を加えたあと
- とろみをつける前
- 仕上げの前 …etc.

---

**「さしすせそ」以外にそろえておきたい調味料**

**酒**
和食は「日本酒」。洋食には「ワイン」を。

**みりん**
まろやかな甘み、照りを出す「本みりん」を。

**油**
「サラダ油」を基本に料理によって使い分け。

**こしょう**
「白こしょう」と「黒こしょう」をそろえて。

**スープの素**
中華、洋風スープのだしとしてそろえたい。

**バター**
油代わりに使ったり、コクを加える役割も。

---

**パン粉**
揚げ物の衣やハンバーグのつなぎに。好みの粗さを選んで。

**小麦粉**
揚げ物の衣、ソテーやホワイトソースに。つなぎにも使います。

**片栗粉**
揚げ物の衣、汁物やあんのとろみづけに欠かせません。

# LESSON 3
## おいしいルールで「調理」する

### 加熱のルール

**順番を守れば味や食感が均一に仕上がる**

野菜はかたいものから順に入れてムラなく火を通す、うまみの出る食材は先に入れておいしさを引き出すなど、加熱する順番にも理由があります。単純に順番を守るだけでなく、レシピのアンダーライン部分（食材の変化）を確認しながら、次の工程に移ると格段においしく！

#### ルール1

## かたいもの ➡ やわらかいものの順に加熱する

火が通りやすいものを長く加熱すると煮崩れたり色が悪くなるので、火が通りにくいものから加熱。葉物も根元や茎を加熱してから葉を加えることで、ムラなく仕上がります。

#### ルール2

## 2段階調理でうまみを逃さない！

### 料理の仕上がりを左右する "加熱のワザ"

| 表面を焼きつける | ➡ | 中まで火を通す |

先に表面を焼きかためることでうまみを閉じ込めるとともに、余分な脂や臭みを除く効果も。さらに加熱する際、形が崩れにくくなります。

| 炒める | ➡ | じっくり煮る |

煮る前に油で炒めることでうまみが引き出され、コクのある仕上がりに。味がなじみやすくなるほか、煮崩れを防ぐので見た目も変わります。

**水分を飛ばす**
強めの火で水分を飛ばしながら加熱することで味が凝縮。調味料も絡みやすくなります。

**照りを出す**
甘辛い煮汁やたれを強火で煮詰めながら絡めるとつやが出て、おいしさもぐっと増します。

**とろみをつける**
水溶き片栗粉でとろみをつけて全体をまとめます。汁物はのどごしもアップ。

> ルール**3**

# 鍋中の様子を見るクセをつける

\ 揚げ物 /

揚げ始め

⬇ 色、泡の状態を目安にする

揚がると…

揚げ始めは、細かい泡がたくさん出ますが、こんがりと揚げ色がついて揚げ終わりに近くなると、泡は少しゆるやかになり、プクプクと大きくなってきます。

\ 煮物 /

煮始め

⬇ 食材の色や形、汁気の変化に注目

煮えると…

「しんなりしたら」「汁気がなくなるまで」など、レシピに出てくる鍋中の様子は、次の作業に移る目安。その変化を見ていると、味つけのタイミングも身につきます。

## 鍋中に浮かぶ「アク」は取らなきゃダメ？

アクを含む食材をゆでたり煮たりすると濁った泡となって浮いてくるので、雑味が残らないようにこまめにすくい取りましょう。煮立たせすぎるとアクが散ってしまうので、ほどよく煮立ってアクが中央に集まるように火加減を調節して。

すくったアクはぬるま湯に移してアク取りをキレイに！

### MEMO
**落としぶたはなぜ必要？**

煮物、煮つけを煮るときに、具材の上に落としぶたを直接のせることで、煮立った汁がふたにぶつかって対流を起こし、煮汁が全体に行き渡ります。これで少ない煮汁でも均一に煮ることができ、味も入りやすくなるので、レシピに出てきたら必ず使いましょう。

# LESSON 3 おいしいルールで「調理」する

## 加減のルール

レシピ通りに作るために覚えておきたい3つの加減。
「火加減」「水加減」「油の温度」を守ってレシピをおいしく再現しましょう。

### 火加減
調理の火加減は主に下記の3つ。基本は「中火」です。

**弱火**
炎が小さく、鍋底に当たらない状態。ゆっくり火を入れたいときに。

**中火**
炎が鍋底に丁度当たる状態。油を加熱したり、煮汁をふつふつと煮立たせたりするときに。

**強火**
炎が鍋底全体に勢いよく当たる状態。湯をぐらぐら沸かしたり、仕上げに火を強めるときに。

### 水加減
レシピによく出てくる目分量の水加減は下記の3つです。

**ひたひた**
材料の表面が水面から見え隠れするくらいの量。

**かぶるくらい**
材料が水面から出ず、完全に水に浸るくらいの量。

**たっぷり**
材料がしっかり水に沈み、湯の中でしっかりおどるくらいの量。

### 油の温度
油の温度は菜箸で確認。油の中に斜めに入れて箸先を鍋底につけ、泡の出方を見て温度を見ましょう。

**低温（160～170℃）**
細かい泡がゆっくりゆらゆらと上がってくる状態。

**中温（170～180℃）**
菜箸を入れてすぐに、小さな泡がシュワシュワと上がってくる状態。

**高温（180～190℃）**
菜箸を入れてすぐに、大きな泡が勢いよく上がってくる状態。

# PART1

## これさえおいしく作れれば！
## ヘビロテ決定の「定番メニュー」

まずは基本的な料理テクニックが身につく

おなじみの定番メニューにトライ！

「煮物」「焼き物」「揚げ物」「和え物」のコツを覚えれば、

作れる幅はぐんと広がります。

レシピ通りに作る大切さを自分の舌で確かめ、

繰り返し作って自慢の味に！

# 豚のしょうが焼き

しょうがの風味としょうゆの香ばしさが食欲をそそる！

## \ 料理のコツ /

**1** 豚肉は「筋切り」で
反らずにきれいに仕上げる

**2** 風味アップの秘密は仕上げのたれに
入れるすりおろししょうが

**3** 肉のやわらか食感は
「焼きすぎない！」が鉄則

TIME　15分

【KITCHEN TOOL】26cm

### 材料2人分

| | |
|---|---|
| 豚ロース肉（しょうが焼き用） | 8枚（300g） |
| A ┌ しょうゆ | 大さじ1・1/2 |
| 　│ 酒 | 大さじ1 |
| 　│ みりん | 大さじ1 |
| 　└ しょうが汁 | 小さじ1 |
| しょうが | 1かけ |
| サラダ油 | 大さじ1 |
| 付け合わせ | |
| 水菜、トマト | 各適量 |

| 下準備 | 作り方 |
|---|---|

## 下準備

**豚肉**

**1.** ペーパータオルで水気をふき、脂身と肉の境目に包丁を入れて透明な筋を数カ所切る。

- 「筋切り」することで肉が反り返らず、きれいな仕上がりに。

**2.** バットにAを混ぜ合わせ、豚肉を絡める。10分ほどおいて下味をつける。

- 長く漬けると肉の水分が出てかたくなるので、10分が目安。

**しょうが**

皮をむき、おろし器ですりおろす。

**付け合わせ**

●**水菜**
根元を落とし、ざく切りにする。

●**トマト**
ヘタを取り、くし形切りにする。

## 作り方

**1 焼く**

フライパンにサラダ油を<u>中火</u>で熱し、汁気を軽くきった豚肉を重ならないように並べる（漬け汁はとっておく）。<u>肉全体の色が変わるまで3分ほど焼く。</u>

- 肉の汁気が多いと焦げやすいので注意！

**2 たれを用意する**

焼いている間に、バットに残った漬け汁にすりおろしたしょうがを加えて混ぜておく。

- しょうがの風味を生かすには、すりおろしたものを仕上げのたれに加えるのがベスト！

**3**

1の肉の色が変わったら裏返し、さっと焼く。

- 薄切り肉は焼きすぎないことが大切。ここでは返したら、さっと火を入れるだけに。

**4**

ペーパータオルで余分な油をふき取る。

- たれが豚肉に絡みやすくなり、味も油っぽくならないのできちんと取ります。

**5 たれを加える**

2のたれを加えて<u>強めの中火</u>にし、<u>煮立たせながらときどき肉を返し、汁気が少なくなるまで絡めながら焼く。</u>皿に水菜、トマトを盛り、肉を盛りつける。

- 最後は強めの火加減で煮立たせながら加熱することで、しっかり味が絡みます。

# ハンバーグ

肉汁を閉じ込めてふんわりジューシー、本格的な味わいに！

## \ 料理のコツ /

**1** あふれる肉汁は
肉だねの粘りにあり

**2** 成形時の空気抜きで
割れるのを防ぐ

**3** ふっくらは「じっくり
蒸し焼き」で作る！

TIME 35分

【 KITCHEN TOOL 】 26cm　16cm　20cm

## 材料2人分

| | |
|---|---|
| 合いびき肉 | 250g |
| 玉ねぎ | 1/2個（100g） |
| パン粉 | 1/2カップ |
| 牛乳 | 大さじ3 |
| 塩 | 小さじ1/4 |
| こしょう | 少々 |
| 溶き卵 | 1/2個分 |
| サラダ油 | 大さじ1 |

### ソース

| | |
|---|---|
| バター | 10g |
| トマトケチャップ | 大さじ3 |
| 中濃ソース | 大さじ1 |
| 水 | 大さじ1/2 |

### 付け合わせ

| | |
|---|---|
| ブロッコリー | 1/3株（約80g） |
| ホールコーン缶 | 1/2缶（約100g） |
| バター | 5g |

| 下準備 | 作り方 |
|---|---|

## 下準備

**玉ねぎ**

1. 皮をむき、みじん切りにする。
2. フライパン26cmにサラダ油大さじ1/2を中火で熱し、玉ねぎを炒める。しんなりとしたら取り出して冷ます。

❗ ハンバーグをふっくらとさせる秘訣の1つ。炒めると甘みが出て、肉とのなじみもアップ。

**パン粉**

パン粉に牛乳を回し入れてさっと混ぜ、ふやかす。

❗ 仕上がりをふっくらさせるほか、焼いている間に肉汁を吸い、閉じ込める役割も！

**付け合わせ**

- ブロッコリー
片手鍋に熱湯を沸かす。塩少々（分量外）を加えて小房に分けたブロッコリーを3分ほどゆで、ざるに上げる。

- ホールコーン缶
缶汁をきる。フライパン20cmにバター5gを中火で熱し、溶けたらコーン加え、さっと炒める。

## 作り方

### 1 肉だねを作る

ボウルに合いびき肉、塩、こしょうを入れ、さっと練り混ぜる。

❗ はじめに塩を入れると、粘りが出やすくなります。

### 2

炒めた玉ねぎ、ふやかしたパン粉、溶き卵を加え、指先でぐるぐる混ぜたり、ぎゅっと握ったりしながら、粘りが出るまでしっかりと練り混ぜる。

❗ 割れたり、肉汁が流れ出るのを防ぎます。

### 3 成形する

手を洗って水がついた状態で、**2**を2等分にして軽くまとめ、手から手へ打ちつけるように空気を抜き、厚さ1.5cmほどの大きめの小判形に整える。

❗ 空気を抜くと、さらに割れにくくなります。焼くと縮むので大きめに成形を。

### 4 焼く

フライパン26cmにサラダ油大さじ1/2を中火で熱し、**3**を並べ入れて2〜3分、焼き面がこんがりとするまで焼きつける。

❗ 表面を焼きかためることで肉汁を閉じ込め、崩れるのも防止。ときどきフライ返しで押さえ、均一に焼き色をつけて。

### 5

こんがりしたら裏返し、弱火にしてふたをし、6分ほど蒸し焼きにして中心まで火を通す。器に盛りつけ、ブロッコリー、コーンを添える。

❗ 何度も返すと割れるのでNG！

### 6 ソースを作る

フライパン20cmにソースの材料を入れ、中火にかける。バターを溶かしながら混ぜ、ひと煮立ちしたらハンバーグにかける。

定番メニュー

# 肉野菜炒め

野菜を手早くシャキッと炒めて食感もごちそうに！

## \ 料理のコツ /

**1** 肉に下味をつけて味にメリハリをつける！

**2** 野菜はかたいものから順に炒めて仕上がりを均一に

**3** 味つけは最後！のお約束でベチャつかない

TIME 10分　【 KITCHEN TOOL 】26cm

### 材料2人分

| | |
|---|---|
| 豚こま切れ肉 | 150g |
| A しょうゆ、酒 | 各小さじ1 |
| 　片栗粉 | 小さじ1/2 |
| キャベツ | 3枚(150g) |
| にんじん | 1/5本(30g) |
| 玉ねぎ | 1/2個(100g) |
| にんにく | 1/2かけ |
| サラダ油 | 大さじ1 |
| B 酒 | 小さじ1 |
| 　塩 | 小さじ1/2 |
| 　こしょう | 少々 |
| しょうゆ | 大さじ1/2 |

| 下準備 | 作り方 |
|---|---|

**[豚肉]**

1. ペーパータオルで水気をふき、大きいものは食べやすい大きさに切る。
2. ボウルに入れてAをもみ込む。

❗下味をつけておくと味がぼやけず、片栗粉を加えるとやわらかく仕上がります。

**[キャベツ]**
大きめの一口大に切る。

**[にんじん]**
皮をむき、短冊切りにする。

**[玉ねぎ]**
皮をむき、1cm幅のくし形切りにする。

**[にんにく]**
皮をむき、みじん切りにする。

### 1 肉を炒める
フライパンにサラダ油大さじ1/2を中火で熱し、豚肉を広げ入れ、菜箸でほぐしながら炒める。肉の色が変わったら、一度バットなどに取り出す。

❗加熱しすぎるとかたくなるので注意。

### 2 野菜を炒める
1のフライパンをきれいにし、サラダ油大さじ1/2、にんにくを入れて中火にかけ、香りが立つまで炒める。

❗にんにくのみじん切りは焦げやすいので、油を加熱する前に入れてじっくりと加熱します。

### 3
強火にし、まずにんじん、玉ねぎを入れて1分ほど炒める。

❗野菜はかたさが違うので、火が通りやすいキャベツと時間差で炒めて食感よく仕上げます。ここでは完全に火を通さなくてもOK。

### 4
キャベツを加えて1分ほど炒める。

❗5で調味する間や加熱後の余熱でも火が通るので、まだ生っぽいな、という見た目でOK！

### 5 仕上げる
1の豚肉を戻し入れ、Bを加えてさっと炒め合わせ、鍋肌からしょうゆを加えてさっと炒め合わせる。

❗しょうゆは鍋肌から加えることで香ばしい香りが立ちます。

 **必修！ 料理上手のワザ**

**野菜炒めを食感よく仕上げるコツ**

かたい野菜から順に加えてその都度軽く炒め、均一に火が通るように調節。また、先に調味料を入れると野菜からどんどん水分が出て「ベチャッ」となるので、ここでは仕上げに一気に加えるのが正解です。

# 肉じゃが

味がじんわりしみたじゃがいもがたまらない家庭料理の大定番！

## \ 料理のコツ /

**1** 基本の下ごしらえで仕上がりの味に差が出る！

**2** 野菜は煮る前に炒めてコクを出す

**3** 味つけは砂糖から加えると味がしみやすい！

### 材料2〜3人分

| | |
|---|---|
| 牛切り落とし肉 | 150g |
| じゃがいも | 小3個(400g) |
| にんじん | 1/2本(約80g) |
| 玉ねぎ | 1/2個(100g) |
| しらたき | 小1袋(100g) |
| サラダ油 | 大さじ1 |
| 水 | 1・1/2カップ(300ml) |
| A 砂糖 | 大さじ1 |
| 　 酒 | 大さじ2 |
| 　 みりん | 大さじ2 |
| しょうゆ | 大さじ3 |

TIME  30分　【 KITCHEN TOOL 】 16cm　 26cm

| 下準備 | 作り方 |
|---|---|

## 下準備

### じゃがいも
皮をむいて四つ割りにし、水に5分ほどさらして水気をふく。

- 変色を防ぐほか、でんぷん質が落ちて表面が煮崩れにくくなる効果も。

### にんじん
皮をむき、じゃがいもより小さめの乱切りにする。

### 玉ねぎ
皮をむき、1.5cm幅のくし形切りにする。

### 牛肉
ペーパータオルで水気をふき、一口大に切る。

### しらたき
1. 塩少々(分量外)をまぶしてもみ、さっと水洗いして食べやすい長さに切る。

2. 片手鍋に熱湯を沸かして1を入れ、再び沸騰したら4〜5分ゆでる。ざるに上げ、水気をきる。
- 下ゆでをすることでアクと臭みがしっかり抜けます。

## 作り方

### 1 肉を炒める
フライパンにサラダ油を**中火**で熱し、牛肉を加えて炒める。肉の色が変わったら一度取り出す。
- 炒めすぎるとかたくなるので一度取り出すのがポイント。

### 2 野菜を炒める
じゃがいも、にんじん、玉ねぎを加え、じゃがいもの表面がやや透き通ってくるまで炒める。
- 煮たときに火が通りやすくなり、コクがぐっとアップ。

### 3 煮る
しらたきを加えてさっと炒め、**1**の牛肉を戻し入れる。水を加え、煮立ったらアクを取る。
- アクが中央に集まってくるので丁寧にすくいます。煮立たせすぎると、アクが散るので火加減に注意。

### 4 味つけする
**A**を順に加え、その都度ひと混ぜし、落としぶたをして**弱めの中火**で5分ほど煮る。
- 砂糖は塩分(しょうゆ)を入れてから加えると、しみ込みにくくなるので最初に加えます。

### 5
しょうゆを加えてざっくり混ぜ、再び落としぶたをして**弱めの中火**で8分を目安に、煮汁が1/3量ほどになるまで煮る。
- じゃがいもに竹串を刺し、すーっと通るかたさになっていることもチェックしましょう。

### 6
落としぶたを取って**強めの中火**にし、ざっくりと混ぜて1〜2分ほど煮詰める。
- 一度冷ますと味がより具材に入っていきます。時間があるときは、煮汁を残して火を止め、冷ますのがおすすめ。温め直すときに煮詰めて仕上げて。

# さばのみそ煮

臭みなくふっくら煮上げ、コクのある煮汁を絡めて召し上がれ！

## \ 料理のコツ /

**1** 雑味のない味わいは
さばの下ごしらえで決まる！

**2** 落としぶたをして
さっと煮るのが煮魚の基本

**3** 風味よく仕上げる極意は
みそを入れるタイミング

TIME  15分

【 KITCHEN TOOL 】 26cm

### 材料2人分

| | |
|---|---|
| さば(切り身／骨つき) | 2切れ(約200〜250g) |
| 長ねぎ | 1本(80g) |
| しょうが | 2かけ |
| A 水 | 1カップ(200ml) |
| 酒 | 1/4カップ(50ml) |
| 砂糖 | 大さじ1・1/2 |
| みりん | 大さじ1・1/2 |
| しょうゆ | 大さじ1/2 |
| みそ | 大さじ2・1/2 |

| 下準備 | 作り方 |
|---|---|

## 下準備

**長ねぎ**
6cm長さのブツ切りにする。

**しょうが**
1かけは皮つきのまま薄切りにする。残り1かけは皮をむき、繊維に沿ってせん切りにし、水にさらして、針しょうがにする。

❶ 魚と一緒に煮るしょうがは皮つきで。皮は香りが強く、魚の臭みを消します。

**さば**

**1.** 皮目に切り込みを入れる。

❶ 火の通りがよくなり、皮が縮んで破れるのも防ぎます。

**2.** ざるに並べ、身が白っぽくなるまで熱湯（沸騰が静まっている80℃程度）を回しかける。

❶ 魚の臭みを取る方法の1つ「霜ふり」（→P.187）。臭みが抜けるほか、うまみを閉じ込める効果も。

**3.** 冷水に取り、骨についた血の塊などを取り除き、水気をふく。

❶ 魚の臭みのもとをしっかり取ります。

## 作り方

**1 煮る**

フライパンにAを合わせ、しょうがの薄切りを加えて中火にかける。煮立ったら、さばの皮目を上にして入れ、空いているところに長ねぎを入れる。

❶ 煮立った煮汁に入れてうまみを閉じ込めます。

**2**

煮汁を皮目に2〜3回スプーンですくってかけたら、落としぶたをして中火で5分ほど煮る。

❶ 落としぶたは皮とくっつきやすいため、煮汁をかけてからかぶせます。煮汁がまんべんなく回るよう、煮立つ程度の火加減をキープ！

**3 みそを加える**

ボウルにみそを入れ、煮汁を少し加えて溶きのばしたら、さばの間に落として全体に行き渡らせる。

❶ みそはダマにならないよう、煮汁でのばしておくのがコツ。このタイミングでみそを入れると、風味が生きます。

**4**

さばにスプーンで煮汁をかけながら、とろみがつくまで2分ほど煮る。器に盛り、フライパンに残った煮汁をかけ、水気をきった針しょうがを添える。

❶ 煮汁をかけながら煮詰めると、照りが出てつやよく仕上がります。

---

### 煮魚の基本

煮魚はじっくり煮込んで中まで味をしみ込ませる料理ではなく、短時間でふっくら煮て煮汁を絡めながら食べるものです。上下を返さず、落としぶたをして少ない煮汁を全体に行き渡らせ、さらにスプーンで魚にこまめに煮汁をかけながら煮上げるのが基本です。

# 鶏のから揚げ

外はカリッ！ ジュワッとあふれる肉汁で胃袋をわしづかみ！

## \ 料理のコツ /

**1** 味の決め手は下味のもみ込みにあり

**2** 卵なしの合わせ衣で失敗なし！

**3** 強火で仕上げてカリッと感アップ

### 材料2〜3人分

| | |
|---|---|
| 鶏もも肉 | 2枚(500g) |
| A 酒 | 大さじ1・1/2 |
| しょうゆ | 大さじ1・1/2 |
| しょうが汁 | 大さじ1 |
| 塩 | ひとつまみ |
| こしょう | 少々 |
| 小麦粉、片栗粉 | 各大さじ5 |
| 揚げ油 | 適量 |
| **付け合わせ** | |
| レモン | 適量 |

TIME 25分

【 KITCHEN TOOL 】 26cm

| 下準備 | 作り方 |
|---|---|

## 下準備

**鶏肉**

1. ペーパータオルで水気をふき、余分な皮、皮と肉の間にある白い脂肪を取り（→P.186）、1枚を6等分の大きめの一口大に切る。

2. ボウルにAを混ぜ合わせ、鶏肉を加えて20回ほどもみ込み、室温に20分ほどおく。

❗ 下味を手でキュッキュッともみ込んでからおくと、味がよりしみやすくなります。

**付け合わせ**

● レモン
くし形切りにする。

**揚げ油**

フライパンに2〜3cmほど注ぎ、170℃に熱しておく（→P.24）。

❗ 温度が高いと中まで火が通らないうちに表面だけ揚げ色がついてしまうので、温度の確認は必須！

**小麦粉、片栗粉**

バットに小麦粉、片栗粉を入れて混ぜ合わせ、衣を用意する。

❗ 小麦粉が下味の水気を吸って膜を作り、肉汁を閉じ込めます。さらに片栗粉で衣をカリッとさせる、粉のダブル使いがポイント！

## 作り方

### 1 衣をつける

鶏肉を1切れずつ衣のバットに入れて粉をまんべんなくまぶし、手でギュッとにぎるようにしてしっかりとつける。

❗ 肉の汁気はふき取らないまま、衣をまぶすのがコツ。衣をつけて時間がたつとベチャッとするので、全部まぶしたらすぐに揚げましょう。

### 2 揚げる

油を温めたフライパンに1の鶏肉を1切れずつ並べ入れる。表面の衣がかたまってきたら、ときどき返しながら中火で5分ほど揚げる。

❗ 衣の表面がかたまる前に触れると、衣がはがれるので少し待って！

### 3

強火にして、さらに1分30秒ほど揚げる。

❗ 仕上げに強火にするとカリッと揚がります。

色味はこれくらい！

### 4 油をきる

揚がった順に揚げバットに取って油をきる。器に盛りつけてレモンを添える。
※揚げ油の処理はP.90へ。

❗ 揚げバットに取って余分な油をきると、時間がたってもベチャッとしません。

💬 **必修！ 料理上手のワザ**

**揚がる様子を目と耳で確認**

|  | 揚げ始め | 揚がってくると… |
|---|---|---|
| 目で確認 | 細かい泡がたくさん出る | 泡は大きくゆるやかになる |
| 耳で確認 | ブクブクという低い音 | シュワシュワと高い音 |

# マーボー豆腐

豆腐にピリ辛肉みそがよく絡んだ本格派！

## \ 料理のコツ /

**1** コク&うまみはひき肉を
じっくり炒めて出す！

**2** 豆板醤を炒めて
風味と辛みを最大限に

**3** 最後の煮立たせが
最高のとろみを生む

## 材料2人分

| | |
|---|---|
| 木綿豆腐 | 1丁（300g） |
| 豚ひき肉 | 120g |
| 長ねぎ | 1/2本（40g） |
| しょうが | 1/2かけ |
| にんにく | 1/2かけ |
| サラダ油 | 大さじ1/2 |
| 豆板醤 | 小さじ1 |
| 甜麺醤 | 大さじ1・1/2 |

A
- 水 3/4カップ（150ml）
- 鶏ガラスープの素 小さじ1
- 酒 大さじ1
- しょうゆ 大さじ1
- こしょう 少々

**水溶き片栗粉**
- 片栗粉 小さじ2
- 水 小さじ4

ホワジャオ（あれば） 少々

TIME 20分

【 KITCHEN TOOL 】 26cm

| 下準備 | 作り方 |
|---|---|

## 下準備

**豆腐**

1. 豆腐をペーパータオルに包んでバットにのせ、同量程度の重しをし、10分ほどおいて「水きり」する。

❗豆腐から水が出て料理が水っぽくなるので、しっかり水をきります。豆腐が入っていたパックに水を注げば、同量程度の重し代わりになります。

2. 2cm角に切る。

**長ねぎ**

粗みじん切りにする。

**しょうが にんにく**

みじん切りにする。

**材料A 水溶き片栗粉**

それぞれの材料を混ぜ合わせておく。

❗調味に手間取って加熱しすぎたりしないよう、「合わせ調味料」で加える場合は事前に混ぜておくこと！

## 作り方

### 1 ひき肉を炒める

フライパンにサラダ油、しょうが、にんにくを入れて**中火**で熱し、香りが立ったら豚ひき肉を加える。ほぐしながら肉がポロポロになるまでじっくりと炒める。

❗ひき肉をじっくりと炒めることでコクがアップ。

### 2 調味する

豆板醤、甜麺醤を加え、炒め合わせる。

❗豆板醤は加熱すると、すっきりとした辛みが引き立ちます。

### 3 豆腐を加える

Aを加えて混ぜ、煮立ったら豆腐を加えて2分ほど煮る。

### 4 とろみをつける

一度**火を弱め**、水溶き片栗粉を加えて手早く混ぜ合わせる。

❗水溶き片栗粉は60℃以上になるとかたまりだすため、煮立った煮汁に加えるとダマになります。火を弱め落ち着かせてから加えましょう。

### 5

再び**中火**にし、しっかりと煮立ててとろみをつける。長ねぎを加えてさっと混ぜ、ホワジャオをふる。

❗もう一度しっかりと煮立たせることで、とろみがしっかりつきます。

**必修！ 料理上手のワザ**

**水溶き片栗粉の使い方のコツ**

初心者の場合は、片栗粉1：水2の割合が失敗知らず！ それより濃いとダマになりやすく、また薄いと味も薄まるので注意を。分離しやすいので加える直前にもう一度混ぜてから使いましょう。

**ホワジャオとは**

柑橘のさわやかな香りと舌がしびれるような辛みが特徴で、マーボー豆腐や担々麺、炒め物など、幅広く使えます。

定番メニュー

# グリーンサラダ

野菜のシャキッ&パリッ食感がうれしいフレッシュな味

## \ 料理のコツ /

**1** 葉物は冷水にさらして
シャキッとさせる！

**2** 「水気はしっかり取る」が
味にも食感にも最重要

**3** ドレッシングは食べる直前に！
が食感キープのカギ

TIME
10分

### 材料2人分

| | |
|---|---|
| レタス | 2〜3枚(80g) |
| ベビーリーフ | 1/2パック(15g) |
| きゅうり | 1本(100g) |

**ドレッシング**

| | |
|---|---|
| 玉ねぎ(すりおろす) | 小さじ1 |
| オリーブオイル | 大さじ1・1/2 |
| 白ワインビネガー(なければ酢) | 小さじ2 |
| 塩 | 小さじ1/4 |
| こしょう | 少々 |

| 下準備 | 作り方 |
|---|---|

## 下準備

**レタス　ベビーリーフ**

**1.** レタスは手で一口大にちぎる。
- 包丁で切ると酸化しやすいので手でちぎります。断面が多くなり、ドレッシングが絡みやすくなる効果も。

**2.** ベビーリーフと合わせて冷水にさらす。
- 葉物はちぎったり切ったりしてから冷水にさらすと、切り口から水を吸い上げてパリッとします。

**きゅうり**
縦半分に切り、斜め薄切りにする。
- しなっとしている場合は、冷水にさらしてから水気をふき取ります。

**ドレッシング**
材料をしっかり混ぜておく。
- サラダ1回分の分量の場合は、一度に合わせてOK。

## 作り方

**1　水気をきる**

レタス、ベビーリーフは冷水からざるに上げて水気をきり、さらにペーパータオルで水気をしっかりとふき取る。
- 水気が残っていると味が薄まり、ベチャッとした水っぽい仕上がりになるので、しっかりと取ることが大切。

**2　ドレッシングを入れる**

ボウルに **1**、きゅうりを入れ、ドレッシングを回し入れる。
- 水分が出ないよう食べる直前に。葉物の場合は、あとからドレッシングを回しかける方が、全体になじみやすいです。

**3　和える**

全体がなじむように、手とサーバースプーンなどでざっくりと和える。
- 菜箸を使うと、葉物に刺さったりちぎれたりする原因に。手と大きめのサーバースプーンなどで、やさしく大きく混ぜるようにします。

### 必修！　料理上手のワザ

**ドレッシングの和え方**

今回のようにメインが葉物だったり、ざっくりと和えたい具材の場合は、ボウルに具材を入れてからドレッシングを回しかけて和えると、まんべんなく味が行き渡り、おいしく仕上がります。反対にしっかりと味をなじませたい場合は、大きめのボウルにドレッシングを先に混ぜ、そこに具材を加えて和えると全体に味をしっかり絡められます。

**サラダの水きりには「サラダスピナー」が便利！**

サラダのおいしさを左右するのが水きりですが、レタスのような葉野菜は水気を取るのに手間がかかります。そんな葉物もサラダスピナーを使えば、手早くしっかりと水きりが可能で作業効率もアップ。

# 基本のドレッシング

## 覚えておきたい味の方程式

ドレッシングは3つの要素が基本。
これに好みのアクセント食材を加えて味や風味を楽しみます。

**油** ＋ **酸味** ＋ **塩分**

**油**: クセのないサラダ油はオールマイティ。オリーブオイルはイタリアンやフレンチなど洋風に。ごま油は和風や中華、エスニックに。合わせる調味料によってチョイスするとバランスが◎。

**酸味**: 米酢、または穀物酢があれば基本的にはOK。食材に合わせて、レモン汁や白ワインビネガーを。がらりと印象を変えたいときは、バルサミコ酢やリンゴ酢などを使って。

**塩分**: 基本となるのは塩。シンプルながらいろいろな油、酢とマッチするふり幅の広さが◎。サラダに合わせて、しょうゆ、みそ、ナンプラーなど、風味ある調味料に置き換えて。

**＋ アクセント** こしょう、しょうが、にんにく、ごま、赤唐辛子など、好みで、香りと味のアクセントになる食材をプラス。カンタンにアレンジできるのもドレッシングのいいところ。

## まず覚えたい基本のドレッシングはコレ！
# フレンチドレッシング

### 材料（作りやすい分量）

- 油 オリーブオイル……………………………大さじ3
- 酸 白ワインビネガー（なければ酢）……大さじ1・1/2
- 塩 塩……………………………………………小さじ1/2
- ア こしょう…………………………………………少々
- ア 玉ねぎ（すりおろす）………………………小さじ2

### 作り方

ボウルにすべての材料を入れて、小さな泡立て器などでしっかりと混ぜ合わせる。

❗ たくさん作る場合は先にオイル以外の材料をよく混ぜてから、オイルを少量ずつ加え、その都度よく混ぜると乳化しやすく、しっかりと混ざります。

好みやサラダに合わせて！
# ドレッシングバリエーション

気分に合わせて、薬味やハーブ、スパイスをアクセントに加えて楽しみましょう。
すべてフレンチドレッシングと同様に、混ぜるだけでOKです。

---

### マヨネーズベースでクリーミー
### シーザー風ドレッシング
冷蔵で約7日保存可能

- 油 マヨネーズ……………………… 大さじ4
- 酸 白ワインビネガー（なければ酢）… 小さじ1
- 塩 塩、ウスターソース……………… 各少々
- ア 牛乳………………………………… 大さじ1
- ア にんにく（すりおろす）、粗びき黒こしょう
  ……………………………………… 各少々

---

### しょうがたっぷりのさっぱり味
### 和風しょうがドレッシング
冷蔵で約10日保存可能

- 油 サラダ油…………………………… 大さじ3
- 酸 酢…………………………………… 大さじ1・1/2
- 塩 しょうゆ…………………………… 大さじ2
- ア しょうが（すりおろす）…………… 1かけ分

---

### しょうゆとごまのコクのある味
### 中華ごまドレッシング
冷蔵で約10日保存可能

- 油 ごま油……………………………… 大さじ3
- 酸 酢…………………………………… 大さじ1・1/2
- 塩 しょうゆ…………………………… 大さじ2
- ア 砂糖………………………………… 小さじ1
- ア 白炒りごま………………………… 大さじ1/2

---

### ナンプラーベースでスパイシー
### エスニックドレッシング
冷蔵で約10日保存可能

- 油 サラダ油…………………………… 大さじ3
- 酸 レモン汁…………………………… 大さじ1・1/2
- 塩 ナンプラー………………………… 大さじ1
- ア 砂糖………………………………… 大さじ1/2
- ア 赤唐辛子（小口切り）…………… 1/2本分
- ア にんにく（すりおろす）…………… 少々

---

### コチュジャンを利かせた甘辛味
### 韓国風ドレッシング
冷蔵で約10日保存可能

- 油 ごま油……………………………… 大さじ1
- 酸 酢…………………………………… 小さじ1
- 塩 しょうゆ…………………………… 大さじ1
- 塩ア コチュジャン…………………… 大さじ1・1/2
- ア 砂糖………………………………… 大さじ1・1/2
- ア にんにく（すりおろす）、粗びき黒こしょう
  ……………………………………… 各少々

# だし巻き卵

ふんわり卵からだしのおいしさがジュワ〜ッと広がる

## \ 料理のコツ /

**1** 泡立てず溶きほぐすことで
ふんわり食感に

**2** 中火キープがふっくらな
焼き上がりを作る

**3** 半熟で巻いて
全体をしっかりまとめる！

### 材料2人分

| | |
|---|---|
| 卵 | 3個 |
| A　だし | 大さじ3〜1/2カップ |
| 　　薄口しょうゆ | 小さじ1 |
| 　　みりん | 小さじ1 |
| 　　砂糖 | 小さじ1 |
| 　　塩 | ひとつまみ |
| サラダ油 | 少々 |

付け合わせ
大根、しょうゆ……各適量

TIME  10分

【 KITCHEN TOOL 】
 卵焼き用

| 下準備 | 作り方 |
|---|---|

## 下準備

### 卵

**1.** 器に1つずつ割り入れてから、ボウルに移して合わせる。

❗ 手間でも1つずつ殻や血などが混じっていないかチェックしましょう。

**2.** 菜箸の先をボウルの底につけ、前後に動かしながら白身を切るようにしてほぐす。

❗ 空気を入れるように泡立てて混ぜると食感が悪くなるので、切るように混ぜて。

**3.** 混ぜ合わせたAを2の卵に加え、再び菜箸で泡立てないようによく混ぜ、卵液を作る。

❗ 塩は卵よりだしに溶けやすいので、先に混ぜてから加えます。

### 【だしの分量について】
だしが多い方がふんわりしますが、かたまりにくいので、はじめは卵1個に対し、だし大さじ1から挑戦。上手に巻けるようになったら、だしの量を増やしてみましょう。

### 付け合わせ
●大根
皮をむいてすりおろし、小さなざるに上げて水気をきる（→P.87）。

❗ 水っぽくならないよう軽く水気をきっておくことも大切。

## 作り方

**1　焼く**

卵焼き用フライパンにペーパータオルでサラダ油を薄くひき、**中火**で温める。卵液を菜箸の先につけてフライパンにあて、ジュッとかたまったらお玉で卵液1/4量程度を流し入れる。

**2**

すぐにフライパンを回して全体に広げる。ぷくっと気泡ができたら菜箸の先で突いて潰す。

❗ 火が弱いとふっくらしないので中火をキープ。火が入りすぎたり焦げそうになったら、火からフライパンを離して調整します。

**3**

卵のフチがかたまって全体が半熟状になったら、菜箸で卵のフチをぐるりとはがし、フライ返しで奥から手前に折りたたむように巻いていく。

❗ 完全にかたまると巻いてもくっつかずふっくらしないので、フチ以外は半熟状で巻くこと！

**4**

奥の空いたところに**1**と同様に油をひき、卵焼きを奥にすべらせる。

**5**

手前の空いたところに、残りの卵液の1/3量を流し入れる。卵焼きを菜箸で少し浮かせ、フライパンを傾けて卵焼きの下にも卵液を流し入れる。半熟になったら**3**と同様に奥から手前に巻く。

**6　仕上げる**

残り2回、同様に焼いたら、フライパンのへりを使って形を整えながら、うっすらと焼き色をつける。上下を返し、同様にする。食べやすく切って器に盛り、大根おろしを添えてしょうゆをかける。

定番メニュー

# 鶏の照り焼き

皮の香ばしさと身のしっとり感。コクのあるたれにごはんも進む

## \ 料理のコツ /

**1** 鶏肉の厚みを均一にすることで火の通りも均一に！

**2** 皮目を香ばしく焼いたら蒸し焼きにしてジューシーに！

**3** 余分な油をしっかりふき取りおいしい照りを作る

### 材料2人分

| | | |
|---|---|---|
| 鶏もも肉 | | 小2枚(400g) |
| A | しょうゆ | 大さじ2 |
| | 酒 | 大さじ2 |
| | みりん | 大さじ2 |
| | 砂糖 | 大さじ1/2 |
| サラダ油 | | 小さじ2 |

**付け合わせ**
しし唐辛子 … 6本

TIME  20分

【 KITCHEN TOOL 】
 26cm

| 下準備 | 作り方 |
|---|---|

## 下準備

**鶏肉**

1. ペーパータオルで水気をふき、余分な皮や皮と肉の間にある白い脂肪を取る。

❶ 余分な脂肪はぐにゃっとした食感の原因に。また、カリっと焼きにくくなるので、しっかり取り除きます。

2. 肉の間にある白い筋を切って平らに整え、厚みを均一にする。

❶「筋切り」で厚みを均一にすると火の通りも均一になり、ムラなく焼けます。

**付け合わせ**

● しし唐辛子
包丁の先で切り込みを入れる。

❶ 加熱した際の破裂を防ぎます。

**材料A**
混ぜ合わせておく。

❶「合わせ調味料」で調味する場合は事前に混ぜてスタンバイ。

## 作り方

### 1 しし唐を焼く
フライパンにサラダ油小さじ1を<u>中火</u>で熱し、しし唐を入れてさっと焼き、取り出す。

### 2 鶏肉を焼く
**1**のフライパンにサラダ油小さじ1を足して<u>中火</u>で熱し、鶏肉の皮目を下にして並べ入れ焼く。

❶ 皮目を焼くことで皮も香ばしく、おいしく仕上がります。皮の余分な脂も出せて一石二鳥。

### 3
出てきた余分な脂をペーパータオルでふき取りながら、5分ほどこんがりと<u>焼き色</u>がつくまで焼く。ときどきフライ返しなどで押さえながら均一に焼く。

❶ 肉の臭みが出るので余分な脂はふき取ります。

### 4 蒸し焼きにする
裏返してふたをし、<u>弱火</u>で3分ほど蒸し焼きにする。

❶ 蒸し焼きにすることでふっくら仕上がります。たれを絡める間にも火が通るので、ここでは完全に火を通さず8〜9割を目安にして。

### 5 たれを加える
余分な油をペーパータオルでふき取ったら、**A**を加えて<u>強めの中火</u>にする。

❶ 油をきれいにふくことで、たれが絡みやすくなります。

### 6 照りをつける
フライパンを揺すり、途中、肉の上下を返しながら、2〜3分皮目を中心にたれを絡めて<u>照り</u>を出す。食べやすく切り分けて器に盛りつけ、フライパンに残ったたれをかけ、**1**のしし唐を添える。

❶ かたくならないよう皮目が下の時間を多めに。

# とんかつ

サクサク衣に包まれたやわらかな豚肉のおいしさを堪能

## \ 料理のコツ /

**1** 豚肉の下味がおいしさのポイント！

**2** 衣をまんべんなくつけて肉汁を閉じ込める！

**3** 中温キープでサクッと揚がる

## 材料2人分

| | |
|---|---|
| 豚ロース肉（とんかつ用） | 2枚（200〜240g） |
| 塩 | 小さじ1/4 |
| こしょう | 少々 |
| 小麦粉、溶き卵、パン粉 | 各適量 |
| 揚げ油 | 適量 |
| 中濃ソース、練り辛子 | 各適量 |
| 付け合わせ | |
| キャベツ、レモン | 各適量 |

TIME  20分

【 KITCHEN TOOL 】  26cm

| 下準備 | 作り方 |
|---|---|

## 下準備

**[豚肉]**

**1.** ペーパータオルで水気をふき、脂身と肉の境目に包丁を入れて透明な筋を数カ所切る。

❶「筋切り」することで肉が反り返らず、きれいな仕上がりに。

**2.** 塩、こしょうをまんべんなくふり、下味をつける。

❶ この下味をつけることがおいしさの秘訣！

**[付け合わせ]**

● **キャベツ**
千切りにして水にさらし、ざるに上げて水気をしっかりときる。

● **レモン**
くし形切りにする。

**[揚げ油]**

フライパンに油を2〜3cmほど注ぎ、火にかけて170℃に熱しておく（→P.24）。

**[小麦粉、溶き卵、パン粉]**

それぞれをバットに入れ、衣をつける順（小麦粉→溶き卵→パン粉）に並べておく。

❶ 段取りしておくと作業にムダがなくスムーズに！

## 作り方

**1 衣をつける**

豚肉全体に小麦粉をしっかりとまぶし、余分な粉をはたいて落とす。

❶ 肉汁が流れ出ないよう、小麦粉で肉をコーティングします。

**2**

1を菜箸で溶き卵にくぐらせ、肉全体に卵をつける。

❶ 溶き卵はつけすぎると衣が厚くなるので、まんべんなくつけばOK。

**3**

2をパン粉の上にのせ、上からパン粉をふんわりとかぶせる。肉を包むように手でギュッと押さえてつけ、余分なパン粉を軽く落とす。

❶ 残ったパン粉は保存袋に入れて冷凍保存して使えます。

**4 揚げる**

油を熱したフライパンに、3を盛りつけ面を上にして入れ、表面の衣が色づくまで1〜2分触らずに揚げる。揚げかすが出たらこまめに取り除く。

❶ 衣がはがれるので揚げ始めは触らない！

**5**

表面が薄く色づいてきたら1〜2度返し、5〜6分を目安に揚げる。

**6 油をきる**

5を揚げバットに取って油をきる。食べやすく切り、キャベツ、レモン、練り辛子と盛り合わせ、ソースをかける。

※揚げ油の処理はP.90へ

❶ 油は落ちる面が小さいほどよくきれます。

# えびマカロニグラタン

クリーミーな手作りホワイトソースが具材をおいしくまとめる

## \ 料理のコツ /

**1** 小麦粉をしっかり炒めることで舌触りがなめらかに！

**2** 牛乳を少しずつ丁寧に混ぜればダマができずとろ〜り！

## 材料2人分

| | |
|---|---|
| むきえび | 120g |
| 玉ねぎ | 1/2個(100g) |
| マッシュルーム | 5個 |
| マカロニ | 60g |

**ホワイトソース**
| | |
|---|---|
| バター | 30g |
| 小麦粉 | 大さじ3 |
| 牛乳 | 2カップ(400ml) |
| 塩 | 小さじ1/3 |
| こしょう | 少々 |

| | |
|---|---|
| サラダ油 | 大さじ1 |
| ピザ用チーズ | 50g |
| ドライパン粉 | 大さじ1 |

TIME 40分

【 KITCHEN TOOL 】 16cm　18cm　26cm

| 下準備 | 作り方 |
|---|---|

## 下準備

**玉ねぎ**
皮をむき、横半分に切ってから縦に薄切りにする。

**マッシュルーム**
石づきを取り、縦に薄切りにする。

**えび**
あれば背ワタを取り（→P.186）、ボウルに入れて片栗粉小さじ1（分量外）をもみ込み、水で洗ってペーパータオルで水気をふく。

❗片栗粉をもみ込んで、汚れや臭みを吸着させます。

## 作り方

**1　ホワイトソースを作る**

片手鍋16cmにバターを入れ、弱火にかけて溶かす。小麦粉を加え、1分を目安に細かい泡がフワフワと立つまでしっかり火を通す。

❗しっかり火を通すことで、なめらかなとろみに！

**2**

一度火からおろして泡立ちが落ち着いたら、牛乳を大さじ1〜2ずつ加え、その都度手早く混ぜる。繰り返してソースがゆるくなってきたら牛乳の量を増やし、最後に塩、こしょうをふって混ぜる。

**3**

再び鍋を弱めの中火にかけ、混ぜながらとろみがつくまで5〜6分煮る。ヘラですくって落とし、跡がついてすぐに消えるぐらいのとろみを目安に。

❗温度が落ち着くと、とろみがやや強くなります。

**4　マカロニをゆでる**

片手鍋18cmに3カップの熱湯を沸かし、塩小さじ1（分量外）を加え、マカロニを袋の表示時間通りにゆでる。ざるに上げ、くっつかないようにサラダ油小さじ1（分量外）を絡めておく。

**5　具を炒める**

フライパンにサラダ油を中火で熱し、玉ねぎを炒める。しんなりとしたらむきえび、マッシュルームを加え、えびの色が変わるまで炒める。4とホワイトソース3/4量を加えて混ぜる。

**6　トースターで焼く**

グラタン皿に5を入れ、残りのホワイトソース、ピザ用チーズをのせ、パン粉をふる。オーブントースターで焼き色がつくまで10分ほど焼く。

❗具材には火が通っているので、チーズが溶けて焼き色がつけばOK。

# ポテトサラダ

しっかりとした下味で絶妙な味わいに

## \ 料理のコツ /

**1** 野菜の水気をしっかり取ってベチャつき防止！

**2** じゃがいもが熱いうちに下味をつけ味の骨格を作る！

**3** 冷ましてからマヨネーズを入れてコーティング！

### 材料2人分

| | |
|---|---|
| じゃがいも | 2個(300g) |
| きゅうり | 1/2本(50g) |
| 玉ねぎ | 1/8個(25g) |
| ハム | 3枚 |
| A 塩 | 小さじ1/4 |
| 　 酢 | 小さじ1 |
| 　 オリーブオイル | 大さじ1/2 |
| 　 こしょう | 少々 |
| マヨネーズ | 大さじ3 |

TIME 20分

【 KITCHEN TOOL 】 18cm

| 下準備 | 作り方 |
|---|---|

## 下準備

### じゃがいも
皮をむいて1cm厚さの半月切りにし、水にさらす。

### きゅうり
**1.** 2mm厚さの小口切りにする。

**2.** ボウルに入れて塩少々（分量外）をふってさっと混ぜ、5分ほどおいて水気をぎゅっと絞る。

❗水っぽくならないよう、水気を出して絞っておきます。

### 玉ねぎ
**1.** 皮をむき、横半分に切ってから縦に薄切りにする。

**2.** 水に5分ほどさらして水気をきり、ペーパータオルに包んでしっかりと水気を絞る。

❗水にさらすことで辛みを抜きます。

### ハム
2cm角に切る。

## 作り方

### 1 じゃがいもをゆでる
鍋にじゃがいも、かぶるくらいの水を入れ、強火にかける。煮立ったら中火にしてじゃがいもがやわらかくなるまで8分ほどゆでる。

❗時間を目安に、竹串がすーっと通ればOK！

### 2 粉ふきにする
ざるに上げ、水気をきる。鍋に戻し入れて中火にかけ、鍋を揺すりながら水分を飛ばし、粉をふかせる。

❗鍋にくっつきやすいので、絶えず鍋を揺すって。難しい場合は木ベラなどで返しながら行いましょう。

### 3 潰す
じゃがいもが熱いうちにボウルに移し、フォークで粗く潰す。

❗温かい状態の方が潰しやすく、味もなじみやすいので、手早さが大切！

### 4 下味をつける
混ぜ合わせたAを加えてよく混ぜ、そのまま冷ます。

❗下味をしっかり浸透させることが味つけのポイント！

### 5 和える
4にきゅうり、玉ねぎ、ハム、マヨネーズを加え、よく和える。

❗冷めてからマヨネーズを加えるのがポイント。マヨネーズが分離せず、また具材にしっかり絡み、味もまとまります。

 **料理上手のワザ**

**ゆで加減は竹串でチェック！**
菜箸など太めのものを刺すと割れやすいので、細い竹串がおすすめ。長さが15cm前後あると、鍋中の食材にも刺しやすくて便利です。

COLUMN

# 料理のギモン 下準備編

「肉は洗うべき？」「冷水ってなに？」。
人には聞けない下準備の素朴なギモンをまとめて解決。

---

### Q1 肉や魚は調理前に洗った方がいいの？

**A 基本的には洗わなくてOK**

野菜のように水で洗ったりすると、うまみが流れて水っぽくなるので、基本的には洗わずにペーパータオルで水気をふき取ります。料理によってかたまり肉や青魚などは、下ごしらえとして霜ふりや下ゆでの作業を行い、生臭みや余分な脂を落とします。

---

### Q2 野菜の皮はむく？むかない？

**A かたいもの古いもの以外は、料理やお好みに合わせて**

大根やれんこんなど皮がかたいもの、古くなった野菜は、そのまま使うと食感が悪くなるので皮をむいて使うのがおすすめ。しょうがは皮の近くが一番香りが強く、魚や肉の臭い消しに使う場合はむかずに使います。薬味として使う場合は皮をむいて使うのが一般的。

しょうが
→ 皮つき 肉、魚料理の臭み消し、また風味づけに
→ 皮をむく 針しょうがにしたり、薬味に

---

### Q3 野菜を「繊維に沿って」「繊維を断つように」切るって何が違うの？

**A 食感や風味が変わります**

野菜の繊維は根元から縦方向にのびています。この繊維に沿って切る（縦に切る）と、形崩れしにくくシャキッとした食感に。繊維を断ち切る方向に切る（横に切る）と、火が通りやすくしんなりとしやすいので、メニューによって使い分けましょう。

形崩れしにくい　火が通りやすい

---

### Q4 冷水って水道水でもいいの？

**A 冷蔵庫で冷やした水、または氷水を用意して**

冷水の温度の目安は5℃くらい。水道水を事前に冷蔵庫で冷やしておくか、氷水を用意するのがベスト。冬場は水道水でもOKです。下ゆでした野菜を急冷したり、切った野菜を入れてシャキッとさせる際に使用します。

---

### Q5 4人分作りたいときは、2人分を倍量にする？

**A 食材は2倍に、調味料は調節しながら**

野菜や肉、魚などの具材は2倍量でOK。調味料やだし、水などは、鍋の大きさにもよるので2倍より少なめにし、味を見ながら足していくのがベター。加熱時間も分量が増えることでレシピ通りにはいかないので、鍋中の状態に合わせて調節しましょう。

具材
→2倍

調味料など
→2倍より少なめ

---

### Q6 野菜をゆでるときは、水から？湯から？

**A 地中の野菜は水から地上のものは湯から**

土の中で育った根菜類は、水から入れてやわらかくなるまでゆでます。一方で土の上で育ったものは、沸騰した湯に入れて短時間でゆで上げます。ただし、根菜類でも小さめの角切りにした場合などは、湯からゆでることも。

| 水からゆでる | じゃがいも、にんじん、ごぼう、大根などの根菜類など |
|---|---|
| 湯からゆでる | 葉物、キャベツ、ブロッコリー、さやいんげんなど |

54

## PART2

### 肉も魚もしっかりマスター！
# 得意料理にしたい「メインおかず」

定番メニューからステップアップ！
角煮やえびチリ、南蛮漬けなど
難しそうなメニューもレシピ通りに作れば
成功間違いなし！
主食を添えるだけで立派な献立になるので
肉料理も魚料理もどんどん作って腕を上げましょう。

# 豚の角煮

うまみが詰まった煮汁をまとわせ、とろ〜ん&つやつやに！

\ 料理のコツ /

**1** とろける肉の秘訣は、丁寧な下ゆでにあり！

**2** しょうゆを2回に分けて風味を格段にアップ！

**3** 仕上げに煮絡めてつやつやに

TIME
130分 ※肉を冷ます時間は除く

【 KITCHEN TOOL 】
26cm　22cm

## 材料4人分

| | |
|---|---|
| 豚バラブロック肉 | 2本 (800g) |
| しょうが | 1かけ |
| 長ねぎの青い部分 | 1本分 |
| 米 | 大さじ2 |
| A　水 | 2カップ (400ml) |
| 　　酒 | 1/2カップ (100ml) |
| 　　砂糖 | 大さじ2 |
| 　　みりん | 大さじ2 |
| 　　しょうゆ | 大さじ2 |
| しょうゆ | 大さじ2 |
| 練り辛子 | 適量 |

| 下準備 | 作り方 |
|---|---|

## 下準備

**豚肉**
ペーパータオルで表面の水気をふき取る。

❗ 塊のままゆでる方がうまみが逃げたり、パサつきにくくなり、おいしく仕上がります。

**しょうが**
皮つきのまま薄切りにする。

❗ 皮は香りが強く、肉の臭みを取ってくれます。

## 作り方

### 1 豚肉の表面を焼く
フライパンに豚肉の脂身を下にして入れ、中火にかける。こんがりとするまで3分ほど焼き、残りの面も軽く焼き色がつくまで1～2分ずつ焼く。出てきた脂はペーパータオルでふき取る。

### 2 下ゆでする
両手鍋に1の豚肉を入れ、たっぷりの水（分量外）、長ねぎの青い部分、しょうが、米を入れて強火にかける。

❗ ねぎ、しょうがは肉の臭みを取り、米はゆで汁にとろみをつけ、肉のうまみを逃さずにパサつきを防ぎます。

### 3
煮立ったらアクを取り、ペーパータオルをかぶせる。弱火で1時間30分を目安に、竹串がすーっと通るまでやわらかくゆでる。途中、ゆで汁が減ったら水を足す。

❗ 余分な脂が出て味がすっきりし、とろとろに。

### 4 豚肉を切る
火を止めて20分ほどおき、粗熱を取る。肉を水ですすいで米を落とし、1本を4等分程度に切る。

### 5 味をつけて煮る
鍋をきれいに洗い、4の肉、Aを入れて中火にかける。煮立ったら落としぶたをして弱めの中火にし、20分ほど煮る。

### 6 仕上げる
しょうゆを加えて再び落としぶたをし、弱めの中火で10分ほど煮る。落としぶたを取って火を強め、鍋を手で持って回しながら煮汁を絡め、軽く照りが出るまで煮る。器に盛り、鍋に残った煮汁を適量かけ、練り辛子を添える。

# ミートボールのトマト煮

ふっくら肉だねにトマト味の濃厚煮汁がしっかり絡む

## \ 料理のコツ /

**1** 肉だねの練り方で
ふっくらミートボールに

**2** 小麦粉パワーで
肉汁を閉じ込める！

**3** 焼いてから煮る！が
煮崩れないワザ

## 材料2人分

合いびき肉 …………………… 200g
A ┌ 玉ねぎ ……… 1/4個 (50g)
　├ パン粉 …………… 大さじ3
　├ 牛乳 ………… 大さじ1・1/2
　├ 溶き卵 ………… 1/2個分
　├ 塩 ………………… 小さじ1/4
　└ こしょう ……………… 少々
玉ねぎ …………… 1/2個 (100g)
にんにく ………………… 1/2かけ
しめじ …………… 1パック (100g)
パセリ ………………………… 適量

小麦粉 ………………………… 適量
オリーブオイル ………… 大さじ1
B ┌ ホールトマト水煮缶
　│ …………………… 1缶 (400g)
　├ 水 ……… 1/2カップ (100ml)
　├ はちみつ …………… 大さじ1
　├ 塩 ………………… 小さじ1/2
　└ こしょう ……………… 少々

TIME 25分

【 KITCHEN TOOL 】 26cm

| 下準備 | 作り方 |
|---|---|

## 下準備

**玉ねぎ**
皮をむき、Aの1/4個分はみじん切り、残り1/2個分は1cm幅のくし形切りにする。

**にんにく**
皮をむき、みじん切りにする。

**しめじ**
石づきを落とし、小房に分ける。

**パセリ**
みじん切りにする。

**パン粉**
Aのパン粉に牛乳を回し入れてさっと混ぜ、ふやかす。

❶ 肉だねのつなぎ。ふっくらさせたり、肉汁を吸って閉じ込める役割も。

**材料B**
ボウルにホールトマトを入れて手で粗く潰し、残りのBを加えて混ぜ合わせる。

❶ トマトは粗く潰すと食感が残ります。汁がピュッと飛ぶので注意して。

## 作り方

**1 肉だねを作る**
ボウルに合いびき肉、Aを入れ、粘りが出るまでよく練り混ぜる。

❶ 粘りをしっかり出すと煮崩れや肉汁が流れ出るのを防げます。

**2 成形する**
1の肉だねを10等分にし、手から手へ軽く打ちつけて空気を抜き、手で転がして丸める。

❶ 空気を抜いて表面をなめらかにすることが、割れたり煮崩れの防止に。

**3 小麦粉をまぶす**
バットに小麦粉を広げ、2を転がして薄くまぶす。

❶ 割れにくくし、肉汁を閉じ込めるために表面を小麦粉でコーティングします。

**4 ミートボールを焼く**
フライパンにオリーブオイル大さじ1/2を中火で熱し、3を入れる。2分ほど焼いたら裏返し、さらに1分ほど焼く。転がしながらさっと焼き、表面がすべてこんがりしたら一度取り出す。

**5 野菜を炒める**
4のフライパンをきれいにふき、オリーブオイル大さじ1/2、にんにくを入れて中火で熱し、香りが立ったら玉ねぎを炒める。しんなりとしたらしめじを加え、さっと炒める。

**6 煮る**
4を戻し入れてBを加え、さっと混ぜる。煮立ったら弱めの中火にし、ときどき混ぜながら10分ほど煮る。器に盛りつけ、パセリをふる。

# 焼きぎょうざ

皮はパリッと香ばしく、中からはおいしい肉汁があふれる！

## \ 料理のコツ /

**1** キャベツの水気は絞ってベチャつき防止！

**2** あんに混ぜる片栗粉で肉汁を閉じ込める

**3** 仕上げのごま油でカリッと香ばしく！

TIME 25分

【 KITCHEN TOOL 】 26cm

## 材料 24個分

豚ひき肉……………………160g
キャベツ……………3枚(150g)
ニラ……………1/3束(約30g)
長ねぎ………………1/2本(40g)

A
- しょうが汁………大さじ1/2
- 酒……………………大さじ1/2
- ごま油………………大さじ1/2
- しょうゆ………………小さじ1
- オイスターソース…小さじ1
- 片栗粉………………小さじ1
- 塩……………………ひとつまみ
- こしょう………………少々

ぎょうざの皮………1袋(24枚)
片栗粉……………………適量
サラダ油…………………大さじ1
水……………………1/3カップ
ごま油……………………大さじ1
ラー油、酢、しょうゆ…各適量

| 下準備 | 作り方 |
|---|---|

## 下準備

**キャベツ**

1. 芯をV字に切り取る。

2. たっぷりの熱湯で1分ほどゆで、ざるに上げて水気を切りながら冷ます。

3. 粗みじん切りにしてペーパータオルに包み、ぎゅっと絞って水気を取る。

❗ しっかり絞ることで水っぽくならず、仕上がりもベチャつかない！

**ニラ**
小口切りにする。

**長ねぎ**
みじん切りにする。

## 作り方

**1 あんを作る**

ボウルに豚ひき肉、**A**を入れ、粘りが出るまで練り混ぜ、キャベツ、ニラ、長ねぎを加えて混ぜる。時間があればラップをかけ、冷蔵庫に20分ほどおく。

❗ 片栗粉が肉汁を閉じ込めます。

**2 包む**

ぎょうざの皮に、**1**を1/24量のせる。皮のフチに水（分量外）をつけて半分に折り、ひだを寄せるように折り込んで包み、閉じ口を押さえる。片栗粉を薄くふったバットに並べ、ラップをかけておく。

**3 焼く**

フライパンにサラダ油を中火で熱し、**2**の片栗粉を軽く落として並べ入れ、焼き色がつくまで2分ほど焼く。

❗ ここでは少しの焼き色でOK。加熱しすぎるとかたくなるので注意。

**4 蒸し焼きにする**

水を回し入れてふたをし、中火のまま皮が透き通り、水分がほぼなくなるまで4分ほど蒸し焼きにする。

**5 仕上げる**

ふたを取って水分を飛ばし、ごま油を回し入れる。カリッとするまで1〜2分を目安に焼く。

❗ ときどきぎょうざの裏を見ながら、こんがりとした焼き色がつくまで焼きます。

**6 盛りつける**

フライパンの余分な油をペーパータオルで吸い取り、フライパンに皿をかぶせ、そのまま返して器に盛る。ラー油、酢、しょうゆを好みで混ぜて添える。

❗ フライパンにくっついている部分があれば、フライ返しではがしてから行いましょう。

# 鮭のムニエル

バターのコク、レモンの風味がおいしさを引き立てる

\ 料理のコツ /

**1** 小麦粉を薄くまぶして
鮭のうまみを逃さない

**2** バターと油を混ぜれば
焦がさず上手に焼ける！

**3** 油を回しかけ、
中はふっくら外はカリッ！

TIME  15分

【 KITCHEN TOOL 】 26cm

### 材料 2人分

| | |
|---|---|
| 生鮭（切り身） | 2切れ（200g） |
| 塩 | 小さじ1/3 |
| こしょう | 少々 |
| 小麦粉 | 適量 |
| サラダ油 | 大さじ1 |
| バター | 30g |
| A レモン汁 | 小さじ1 |
| 　 パセリ（みじん切り） | 小さじ2 |

**付け合わせ**

| | |
|---|---|
| クレソン | 適量 |
| レモン（輪切り） | 2切れ |

| 下準備 | 作り方 |
|---|---|

## 下準備

**[生鮭]**
塩をまんべんなくふって5分ほどおき、出てきた水気をペーパータオルでふき取る。

❗ 塩で下味をつけると同時に余分な水分が出てうまみ凝縮。水気とともに臭みが出るのでしっかりふきましょう。

**[パセリ]**
みじん切りにする。

**[付け合わせ]**
● レモン
輪切りにする。

## 作り方

### 1 小麦粉をまぶす
鮭にこしょうをふり、全体に小麦粉をまぶして余分な粉をはたいて落とす。

❗ 小麦粉が鮭の水分を吸うとカリッと焼けなくなるため、焼く直前にまぶします。

### 2 焼く
フライパンにサラダ油、バター10gを入れて<u>中火</u>で熱し、バターが溶けたら鮭の盛りつけ面を下にして入れ、ときどきフライパンを揺すりながら<u>こんがりと焼き色がつくまで3分ほど焼く</u>。

### 3
上下を返し、<u>中火</u>をキープして焦げないよう2分ほど焼く。途中、フライパンを傾けてスプーンで油をすくい、鮭にかけながら焼き上げて器に盛りつける。

❗ 油をかけながら焼くことがカリッと仕上げるポイント。

### 4 ソースを作る
フライパンに残った油をペーパータオルできれいにふき取り、バター20gを入れて<u>弱めの中火</u>にかける。バターが溶けたらAを加え、さっと混ぜて3にかけ、クレソン、レモンを添える。

---

 **必修！ 料理上手のワザ**

**初心者でも上手に焼くコツ**

ムニエルとは、下味をつけた切り身魚に小麦粉をまぶし、バターで焼いた料理。本来はたっぷりの溶かしバターをかけながら焼きますが、バターだけでは焦げやすく初心者にはハードルが高いので、今回のようにバターとサラダ油を混ぜて焼くのがおすすめです。

**魚の塩加減の基本**

下ごしらえとして魚に塩をふると、浸透圧の作用で身が締まり、うまみが増します。塩の量は、切り身魚なら魚の重量の1%、骨つき魚を使う塩焼きなどは1〜1.5%が目安。ソースをかける、おろしじょうゆを添えるなど、ほかの味つけを考慮して調整すると、丁度よい塩加減になります。

# ポテトコロッケ

さっくり衣に包まれたじゃがいものほくほく感がたまらない！

## \ 料理のコツ /

**1** じゃがいもを粉ふきにしてほっくほく食感を作る！

**2** サクサク衣は小麦粉と卵を「薄く」が大切

**3** 何度も返さない！がきれいに揚げる秘訣

## 材料2人分（4個分）

じゃがいも……………2個(300g)
玉ねぎ………………1/4個(50g)
合いびき肉………………100g
サラダ油…………………小さじ1
A [ 塩……………………小さじ1/4
　　こしょう…………………少々
　　バター……………………5g
　　ナツメグ（あれば）……少々 ]

小麦粉、溶き卵、パン粉
………………………各適量
揚げ油……………………適量
中濃ソース………………適量
**付け合わせ**
キャベツ、貝割菜……各適量

TIME  30分　【 KITCHEN TOOL 】 18cm　26cm

| 下準備 | 作り方 |
|---|---|
| | |

## 下準備

**じゃがいも**

1. 皮をむき、1cm幅の半月切りにし、水にさらして水気をきる。
2. 片手鍋にじゃがいもとかぶる程度の水を入れ、中火にかける。煮立ったら弱めの中火にし、竹串がすーっと通るまで10分ほどゆでる。

**玉ねぎ**

皮をむき、みじん切りにする。

**小麦粉、溶き卵、パン粉**

それぞれをバットに入れ、衣をつける順（小麦粉→溶き卵→パン粉）に並べておく。

❗ 手が汚れるので、事前に並べておくと作業が断然スムーズに！

**付け合わせ**

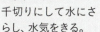

● **キャベツ**
千切りにして水にさらし、水気をきる。

● **貝割菜**
根元を切り落とし、キャベツとさっくり混ぜておく。

## 作り方

### 1 たねを作る

フライパンにサラダ油を中火で熱し、玉ねぎを炒める。しんなりとしたら合いびき肉を加え、ほぐしながら炒める。肉の色が変わったらAを加えてさっと混ぜ、バットなどに取り出しておく。

### 2

ゆでたじゃがいもをざるに上げ、水気をきる。鍋に戻し入れて中火にかけ、鍋を揺すりながら水分を飛ばし粉ふきにする。

❗ じゃがいもの水分を飛ばすことで、ほっくりとした仕上がりに。

### 3

2をボウルに入れてフォークで潰し、温かいうちに1を混ぜ合わせる。

❗ 温かい方が潰しやすく、味もなじみやすいです。

### 4 成形する

3を平らにならして4等分に線を入れ、1つずつ手に取って小判形に整える。

❗ ボロボロ崩れる場合は、牛乳小さじ1〜適量（分量外）を様子を見ながら加えて調節を。

### 5 衣をつける

4に小麦粉を薄くまぶし、溶き卵にくぐらせてパン粉の上にのせる。上からパン粉をふんわりとかぶせてギュッと押さえ、余分なパン粉を軽く落とす（→P.49）。

### 6 揚げる

フライパンに揚げ油を2cmほど注ぎ、180℃に熱して5を入れる。2分ほどしたら上下を返し、さらに3分ほど揚げて油をきる。器に盛り、キャベツ＆貝割菜を添え、好みでソースをかける。

※油の温度確認はP.24、処理の仕方はP.90へ。

# えびチリ

えびのぷりっぷりの食感とピリ辛ソースでごはんが進む！

\ 料理のコツ /

1. えびの下ごしらえでおいしさアップ！
2. 豆板醬の辛みを引き出して味をキリッと締める
3. さっと炒めて一度取り出してえびのぷりぷり感を作る！

TIME 15分

【 KITCHEN TOOL 】 26cm

## 材料2人分

| えび | 12尾(250g) |
| 長ねぎ | 2/3本(約50g) |
| しょうが | 1/2かけ |
| にんにく | 1/2かけ |

A
- 塩……少々
- 酒……大さじ1/2
- 片栗粉……大さじ1/2
- サラダ油……大さじ1/2

| サラダ油 | 大さじ1 |
| 豆板醬 | 小さじ1 |

B
- 水……1/2カップ(100ml)
- 鶏ガラスープの素……小さじ1
- トマトケチャップ……大さじ3
- しょうゆ……大さじ1/2
- 砂糖……大さじ1/2
- 片栗粉……小さじ1

| 下準備 | 作り方 |
|---|---|

## 下準備

**長ねぎ**
5cm分は白髪ねぎにして水にさらし、水気をきる(→P.182)。残りは粗みじん切りにする。

**しょうが** **にんにく**
みじん切りにする。

**えび**
1. 殻をむいて尾を取り、背の中心に浅く切り込みを入れて背ワタを取る。
- ❗ 背に切り込みを入れることでボリュームが出て食べごたえアップ。

2. ボウルに入れて片栗粉小さじ1(分量外)をもみ込み、水で洗ってペーパータオルで水気をふく。
- ❗ 片栗粉をもみ込んで汚れや生臭みを吸着させます。

**材料B**
混ぜ合わせておく。

## 作り方

### 1 下味をつける
ボウルにえび、**A**を入れてもみ込み、下味をつける。
- ❗ 下味に片栗粉を入れるとコーティングされて食感アップ。

### 2 炒める
フライパンにサラダ油大さじ1/2を<u>中火</u>で熱し、えびを入れて両面焼く。えびの色が変わったら2分ほど炒め、一度取り出す。
- ❗ 加熱しすぎるとかたくなるので、取り出しておくのがポイント。

### 3
2のフライパンをきれいにし、サラダ油大さじ1/2、しょうが、にんにくを入れて<u>中火</u>で熱し、香りが立ったら豆板醤を加えてさっと炒める。
- ❗ 香味野菜はゆっくり加熱して香りを引き出し、豆板醤は炒めて辛さを引き立たせます。

### 4 味、とろみをつける
**B**を加えて混ぜ合わせ、粗みじん切りにしたねぎを加えてとろみがつくまでしっかり混ぜながら煮る。

### 5 仕上げる
えびを加えてさっと混ぜる。器に盛りつけ、水気をふいた白髪ねぎを添える。
- ❗ えびは火が通っているので、温める程度にさっと加熱でOK。

メインおかず

# チキンクリームシチュー

クリーミーソースに彩り野菜が映える秋冬の定番

## \ 料理のコツ /

**1** 具材の大きさをそろえて美しく、食べやすく！

**2** 小麦粉をしっかり炒めてなめらかソースに！

**3** ブロッコリーは最後に加えて彩りよく

TIME 35分

【KITCHEN TOOL】 16cm　20cm

## 材料2〜3人分

| 鶏もも肉 | 1枚(250g) |
| 塩、こしょう | 各少々 |
| じゃがいも | 1個(150g) |
| にんじん | 1/2本(約80g) |
| 玉ねぎ | 1/2個(100g) |
| ブロッコリー | 1/4株(約60g) |

**ホワイトソース**
- バター……30g
- 小麦粉……大さじ3
- 牛乳……2カップ(400ml)
- 塩……小さじ1/3
- こしょう……少々

サラダ油……小さじ1

A
- 水…1・1/4カップ(250ml)
- 洋風スープの素…小さじ1
- 塩……ひとつまみ
- こしょう……少々

| 下準備 | 作り方 |
|---|---|

## 下準備

### 鶏肉

1. ペーパータオルで水気をふき、余分な皮、皮と肉の間にある白い脂肪を取り（→P.186）、一口大に切る。

❗ 余分な脂肪があると食感が悪くなるので丁寧に取りましょう。

2. 塩、こしょうをふる。

### じゃがいも

皮をむき、8等分ほどの一口大に切り、水にさらして水気をきる。

### にんじん

皮をむき、じゃがいもよりひとまわり小さい一口大の乱切りにする。

### 玉ねぎ

皮をむき、一口大に切る。

### ブロッコリー

1. 小房に切り分ける。
2. 片手鍋に熱湯を沸かし、3分ほどゆでてざるに上げておく。

## 作り方

### 1 ホワイトソースを作る

片手鍋にバターを入れ、弱火にかけて溶かす。小麦粉を加え、焦がさないように1分を目安に、細かい泡がフワフワと立つまでしっかり火を通す。

❗ しっかり火を通すことでなめらかなとろみに。

### 2

一度火からおろして泡立ちが落ち着いたら、牛乳を大さじ1〜2ずつ加え、その都度手早く混ぜる。繰り返してソースがゆるくなってきたら、牛乳の量を増やし、最後に塩、こしょうをふって混ぜる。

### 3

再び鍋を弱めの中火にかけ、混ぜながらとろみがつくまで5〜6分煮る。ヘラですくって落とし、跡がついてすぐに消えるぐらいのとろみを目安に。

❗ 冷めるととろみが強くなるので、ゆるめでOK。

### 4 具材を炒める

両手鍋にサラダ油を中火で熱し、じゃがいも、にんじん、玉ねぎを炒める。じゃがいもの表面が透き通ってきたら鶏肉を加え、肉の色が変わるまで炒める。

### 5 煮る

Aの材料を加え、煮立ったらアクを取る。ふたをして弱めの中火で5〜6分を目安に、じゃがいもに竹串がすーっと通るまで煮る。

### 6 仕上げる

3のホワイトソースを加えてよく混ぜ、温まったらブロッコリーを加えてさっと煮る。

❗ ブロッコリーは長く煮ると色が悪くなるので、下ゆでしたものを最後に加えます。

# あじの南蛮漬け

揚げたあじに甘酸っぱいたれが絡む食欲を刺激する一品

## \ 料理のコツ /

**1** あじの生臭さは下ごしらえの塩で取る！

**2** カリッと揚げるカギは、「薄づけ」の小麦粉

**3** 揚げたてを漬けることでしっかり味が浸透

## 材料2人分

あじ（3枚おろしにしたもの） …… 2尾分（正味130g）
塩 …………………………… 少々
玉ねぎ ……………… 1/2個（100g）
にんじん …………… 1/5本（30g）
ピーマン ………… 1個（正味20g）

### 南蛮酢

- だし …… 1/2カップ（100ml）
- 酢 ……… 1/4カップ（50ml）
- しょうゆ ………… 大さじ2
- 砂糖 ………… 大さじ1・1/2
- 赤唐辛子（小口切り） ………………… 1/2本分

小麦粉 ……………………… 適量
揚げ油 ……………………… 適量

**TIME**  20分 ※南蛮酢に漬ける時間は除く

**【KITCHEN TOOL】**  26cm

| 下準備 | 作り方 |
|---|---|

## 下準備

**あじ**

1. 小骨を抜き、1切れを横半分に切る。

❶ 頭から尾へ身を触っていくと指に骨が当たるので、骨抜きで骨の先をはさみ、頭側に向けて引いて抜きます。

2. 塩をふって5分ほどおき、出てきた水気をペーパータオルでふく。

❶ 臭みを取り、水分を出してうまみを凝縮させます。

**玉ねぎ**
皮をむき、縦に薄切りにする。

**にんじん**
皮をむき、5cm長さの千切りにする。

**ピーマン**
半分に切って種とヘタを取り、縦に細切りにする。

## 作り方

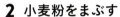

### 1 南蛮酢を用意する

バットに南蛮酢の材料を混ぜ合わせ、玉ねぎ、にんじん、ピーマンを入れて混ぜる。

❶ 先に野菜を漬けておくと、しんなりとして味がなじんでおいしくなります。

### 2 小麦粉をまぶす

バットに小麦粉を広げ、あじを1切れずつ入れてまぶし、余分な粉をはたく。

❶ 時間がたつと、小麦粉があじの水分を吸ってカリッと揚がらなくなるので、揚げる直前にまぶして。

### 3 揚げる

フライパンに揚げ油を2cmほど注ぎ、**180℃**に熱して**2**を入れる。表面が薄く色づいてきたら、ときどき返しながら4分ほど揚げて油をきる。

※油の温度確認はP.24、処理の仕方はP.90へ。

### 4 漬ける

**3**を熱いうちに**1**のバットに加えて和え、15分ほどおいてなじませる。

❶ 味をしっかりなじませるには「熱いうちに」がポイント。

**いろいろな食材で作れて常備菜にも！**

南蛮漬けとは、主に揚げた魚や肉を、ねぎや唐辛子を加えた合わせ酢に漬けた料理。あじのほか、わかさぎなどの小魚や鶏肉で作ってもおいしいので、今回の南蛮酢をベースに食材を変えて作ってみましょう。冷蔵庫で冷やしてもおいしく、多めに作っておけば常備菜にもなります。

# 筑前煮

肉と野菜のうまみがしっかりしみた奥深い家庭の味

## \ 料理のコツ /

1. 鶏肉と野菜を炒めて
コクをぐんとアップ

2. 水で煮て食材のうまみを
しっかり生かす！

3. 味をきちんとしみ込ませる
「さしすせそ」の法則で味つけ

TIME  45分

【KITCHEN TOOL】 16cm　26cm

### 材料2人分

| | |
|---|---|
| 鶏もも肉 | 1/2枚（約130g） |
| 干ししいたけ | 3枚 |
| ごぼう | 1/2本（80g） |
| れんこん | 1/3節（約70g） |
| にんじん | 1/3本（50g） |
| こんにゃく | 小1枚（130g） |
| サラダ油 | 大さじ1/2 |
| 水 | 1・1/2カップ（300ml） |
| A［砂糖 | 大さじ1・1/2 |
| 　みりん | 大さじ1・1/2 |
| 　酒 | 大さじ2 |
| しょうゆ | 大さじ2 |

| 下準備 | 作り方 |
|---|---|

## 下準備

**干ししいたけ**

1. ひたひたのぬるま湯に浸してペーパータオルをかぶせ、30～40分おいて戻す。

❗ かたい軸を下にし、浮かないようにペーパータオルをかぶせます。前日から水でじっくり戻してもOK。

2. 水気を絞って軸を切り落とし、4等分に切る。

❗ 戻し汁はうまみがたっぷり。好みで水を減らし、その分を戻し汁に代えても。

**鶏肉**

ペーパータオルで水気をふいて余分な脂肪を取り（→P.186）、3～4cmほどの一口大に切る。

**ごぼう　れんこん**

皮をこそげて一口大の乱切りにし、5分ほど水にさらして水気をきる。

**にんじん**

皮をむき、一口大の乱切りにする。

**こんにゃく**

1. スプーンで一口大にちぎる。

❗ ちぎって断面を増やすことで、味がよくしみます。

2. 塩少々（分量外）をふってもみ、片手鍋に水と一緒に入れて火にかけ、沸騰したら5分ほどゆでてざるに取り、水気をきる。

## 作り方

**1　炒める**

フライパンにサラダ油を**中火**で熱し、鶏肉を入れて炒める。肉の表面の色が変わったら、一度取り出す。

**2**

**1**のフライパンにごぼう、れんこん、にんじんを入れて炒める。全体に油が回ったら、こんにゃく、干ししいたけを加え、さっと炒める。

❗ 煮るときに火が通りやすくなり、コクもアップ。

**3　煮る**

全体に油が回ったら**1**の鶏肉を戻し入れる。水を加え煮立ったらアクを取る。

**4　味つけする**

Aを順に加えてその都度ひと混ぜし、落としぶたをして**弱めの中火**で10分ほど煮る。

❗ 味つけは「さしすせそ」の順で加え（→P.20）、味を浸透させます。

**5**

しょうゆを加えて混ぜ、再び落としぶたをして**弱めの中火**で7～8分を目安に、煮汁が少し残る程度まで煮る。

**6　仕上げる**

落としぶたを取って**火を強め**、2～3分煮汁を絡めながらつやよく仕上げる。

❗ つやが出ればOK。煮詰めすぎるとしょっぱくなるので注意。

# カリカリチキンソテー

うまみをぎゅっと閉じ込め、皮はカリッカリ、肉はジューシー！

\ 料理のコツ /

**1** しっかりつける下味が
肉のうまみを引き立てる！

**2** カリカリ仕上げのキモは
「ふたをしないで」焼く！

**3** 皮目から8〜9割火を通せば
ジューシーに仕上がる

### 材料2人分

| | |
|---|---|
| 鶏もも肉 | 小2枚（400g） |
| 塩 | 小さじ2/3 |
| こしょう | 少々 |
| サラダ油 | 小さじ1 |

付け合わせ
ベビーリーフ、ミニトマト……各適量

TIME  15分

【 KITCHEN TOOL 】   26cm

| 下準備 | 作り方 |
|---|---|

## 下準備

**鶏肉**

1. ペーパータオルで水気をふき、余分な皮や皮と肉の間にある白い脂肪を取る。

⚠ 余分な脂肪があると食感が悪く、カリっと焼きにくくなるので丁寧に！

2. 肉の間にある白い筋を切って平らに整え、厚みを均一にする。

⚠ 「筋切り」で厚みを均一にすると火の通りも均一になり、ムラなく焼けます。

**付け合わせ**

● ベビーリーフ
冷水にさらして水気をきる。

## 作り方

### 1 下味をつける

鶏肉に塩、こしょうをまんべんなくふる。

### 2 焼く

フライパンにサラダ油を中火で熱し、鶏肉の皮目を下にし、両手で皮をぴんとのばしながら並べ入れる。

⚠ 皮目から皮の脂をしっかり出しながら焼きます。

### 3

弱めの中火にし、ときどきフライ返しや木ベラで押さえながら、皮が平らに焼きかたまるまで焼く。出てきた脂はペーパータオルでこまめにふき取る。

⚠ 余分な脂をふきながら焼くことで肉の臭みを取り、カリカリに焼き上げます。

### 4

9〜10分を目安に、皮がカリッとしてこんがりと色づき、さらに真上から見て肉のフチが白っぽくなるまでじっくり焼いて上下を返す。

⚠ パリッと焼けた皮がしんなりしてしまうので、ふたをしないで焼き上げます。

### 5 仕上げる

弱火にしてさらに2分ほど焼く。器に盛りつけ、ベビーリーフ、ミニトマトを添える。

⚠ 竹串を刺して透き通った肉汁が出たら焼き上がりですが、肉汁が流れてしまうので慣れたら時間と見た目で判断を。

# ぶり大根

うまみたっぷりのぶりの「あら」を生かした逸品。おつまみにも！

## \ 料理のコツ /

**1** 丁寧な下ごしらえが
おいしさをグッと底上げ！

**2** 味つけは
「さしすせそ」を厳守！

**3** じんわりしみ入る味わいは
落としぶたで作る

TIME  60分

【 KITCHEN TOOL 】  26cm

## 材料2〜3人分

| | |
|---|---|
| ぶりのあら | 300g |
| 塩 | 小さじ1/2 |
| 大根 | 1/2本(600g) |
| 米 | 大さじ2 |
| しょうが | 2かけ |
| A [ 水 | 2・1/2カップ(500ml) |
| 　　酒 | 1/2カップ(100ml) |
| 砂糖 | 大さじ2 |
| みりん | 大さじ2 |
| しょうゆ | 大さじ3 |

| 下準備 | 作り方 |
|---|---|

## 下準備

**大根**

1. 厚めに皮をむき、2.5cm厚さの半月切りにする。

2. フライパンに大根、たっぷりの水（分量外）、米を入れて中火にかける。煮立ったら弱めの中火にし、7分ほど下ゆでする。

❗ ゆですぎは煮崩れのもとなので、竹串がすーっと通る程度が目安。

3. ざるに上げ、洗って米を取り除き、水にさらして冷ます。

❗ このひと手間で味がしみやすくなり、苦みが抜けます。

**しょうが**

皮つきのまま薄切りにする。

**ぶりのあら**

1. バットに並べ、塩をふって10分ほどおき、出てきた水気をペーパータオルでふき取る。

❗ 余分な水分が出てうまみが凝縮。水気とともに臭みも出るのでしっかりふきましょう。

2. フライパンにたっぷりの湯を沸かし、沸騰が静まったら（80℃程度）1を入れ、表面が白っぽくなる程度にさっとゆでる。

❗ 切り身より臭みが強いので、「霜ふり」（→P.187）でさらに臭みをしっかり抜いて。

3. 冷水に取り、流水でぬめりや血合いを洗って水気をきる。

❗ 臭みのもとなので丁寧に洗って。

## 作り方

### 1 煮る

フライパンに大根、ぶりのあら、しょうが、Aを入れて**強火**にかける。煮立ったらアクをしっかりと取る。

❗ アクをこまめに取ることで雑味のない味に。

### 2 味つけする

砂糖、みりんを加え、その都度さっと混ぜ、落としぶたをして**中火**にし、15分ほど煮る。

❗ 甘みは塩分を入れたあとだとしみにくいので、砂糖から入れます。

### 3

しょうゆを加えてさっと混ぜ、再び落としぶたをして**弱めの中火**にし、15分ほど煮る。

❗ 甘みがしみてから塩分のしょうゆを入れます。

### 4 仕上げる

落としぶたを取って**強火**にし、フライパンを揺すって、ときどきざっと返しながら煮詰め、煮汁を絡めて仕上げる。

❗ 時間がある場合は、煮詰める前に火を止め、一度冷ますとさらに味がしみます。

---

**必修！ 料理上手のワザ**

**大根の下ゆで**

大根には独特の苦みがあるので、とくに薄味に仕上げるときは米と一緒に下ゆでし、苦みを抜きます。そうすることで煮る時間が短くなり、味もしみやすくなるので、省かないで行いましょう。

---

**ぶりの「あら」のいいところ**

あらは、魚をおろしたあとに残る、骨やエラ、ヒレやその部分についた身で、スーパーなどで安く手に入ります。切り身よりうまみが強く、実は煮物に向いています。脂ものっているので煮込んでもパサつきにくく、生臭さを取る下ごしらえさえしっかり行えば、初心者でもおいしく活用できます。

# かれいの煮つけ

ほろっとほぐれる身をとろんとおいしい煮汁に絡めていただきます

## \ 料理のコツ /

**1** 煮魚は煮立った煮汁に入れて中火のまま煮る！

**2** 落としぶたをして返さずに煮るのが成功のカギ

**3** 煮汁をかけながら煮詰めつやよく仕上げる

### 材料2人分

| | |
|---|---|
| かれい（切り身） | 2切れ（400g） |
| 長ねぎ | 5cm |
| しょうが | 1かけ |
| A　水 | 1カップ（200ml） |
| 　　しょうゆ | 大さじ2 |
| 　　酒 | 大さじ2 |
| 　　みりん | 大さじ2 |
| 　　砂糖 | 大さじ2 |

TIME  25分

【 KITCHEN TOOL 】  26cm

| 下準備 | 作り方 |
|---|---|

## 下準備

**長ねぎ**
白髪ねぎにし、水にさらして水気をきる（→P.182）。

**しょうが**
皮つきのまま薄切りにする。

- ❗ 皮は香りが強く、魚の臭み取りに最適。

**かれい**
1. 皮目に切り込みを1〜2本入れる。
- ❗ 火の通りがよくなり、皮が縮んで破れるのを防ぎます。

2. ざるに並べ、熱湯（沸騰が静まっている80℃程度）を回しかけて「霜ふり」（→P.187）をする。
- ❗ 臭みが抜け、おいしさが格段にアップします。

## 作り方

### 1 煮る
フライパンにAを混ぜ合わせ、しょうがを加えて中火にかける。煮立ったらかれいの皮目を上にして並べ入れる。
- ❗ 煮立った煮汁に入れることでうまみを閉じ込めます。

### 2
煮汁を2〜3回スプーンですくってかれいにかけ、落としぶたをして中火で10分ほど煮る。
- ❗ 落としぶたをし、煮汁をしっかり煮立たせながら煮るのがおいしさのポイント。

### 3 仕上げる
落としぶたを取り、スプーンでかれいに煮汁をかけながら3〜4分を目安に、煮汁がとろりとするまで煮詰める。

### 4
器に盛りつけてフライパンに残った煮汁をかけ、白髪ねぎを添える。
- ❗ 煮魚は煮汁を絡めて食べる料理。煮汁もしっかりかけて盛りつけます。

---

**必修！ 料理上手のワザ**

### 煮汁の量がポイント
煮魚は、少ない煮汁で返さずにさっと煮る料理。煮汁の割合と量が適切かどうかが、おいしさの大切なポイントになります。気をつけたいのは、調理器具のサイズと煮汁とのバランス。今回の割合を基本に、たらなど火が通りやすい魚や、鍋が小さい場合は、煮汁の全体量を減らすなど応用しましょう。

【直径26cmのフライパンで作る場合】

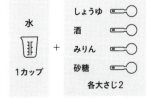

水 1カップ ＋ しょうゆ・酒・みりん・砂糖 各大さじ2

# かき揚げ

サクッと香ばしく食べごたえ満点！ 三つ葉のさわやかさがアクセント

\ 料理のコツ /

**1** 衣の前にまぶす小麦粉が具材のまとめ役！

**2** 食感のよい軽い衣は「冷水」と「さっくり混ぜ」で作る

**3** カラッと揚げる秘訣は菜箸で作る小さな穴！

TIME 20分

【 KITCHEN TOOL 】 26cm

## 材料2人分

| | |
|---|---|
| 玉ねぎ | 1/2個（100g） |
| 三つ葉 | 1束（正味15g） |
| むきえび | 小12尾（約60g） |
| 小麦粉 | 大さじ1/2 |
| 衣 | |
| 　溶き卵 | 1/2個分（約25g） |
| 　冷水 | 適量（約大さじ5） |
| 　小麦粉 | 1/2カップ（55g） |
| 揚げ油 | 適量 |
| 塩 | 適量 |

| 下準備 | 作り方 |
|---|---|

## 下準備

**玉ねぎ**
皮をむき、縦に5mm幅の薄切りにする。

**三つ葉**
葉は摘み、茎は3cm長さに切る。

**むきえび**
あれば背ワタを取り、ボウルに入れて片栗粉小さじ1/2（分量外）をもみ込み、水で洗ってペーパータオルで水気をふく。

❶ 片栗粉が汚れや臭みを吸着。水気は油はねの原因になるのでしっかりふきます。

**揚げ油**
フライパンに油を2～3cmほど注ぎ、火にかけて170℃に熱しておく（→P.24）。

❶ 衣を作る前に温めておくとスムーズ。

## 作り方

### 1 小麦粉をまぶす
玉ねぎ、三つ葉、むきえびをボウルに入れ、小麦粉をふってさっくりとまぶす。

❶ 具材に小麦粉をまぶしておくと、まとまりやすくなります。

### 2 衣を作る
計量カップに溶き卵を入れて冷水を1/2カップまで加え、ボウルに移して混ぜる。小麦粉をふるい入れ、練らないように菜箸でさっくりと混ぜる。

❶ 小麦粉のダマが残っている程度でOK。

### 3 衣を絡める
**1**のボウルに**2**の衣を回し入れ、菜箸で全体に衣をさっくりと絡める。

❶ 衣を絡めたらすぐに揚げましょう。

### 4 揚げる
木ベラに**3**を1/4量ずつのせて軽く形を整え、油を熱したフライパンにすべらせるように入れる。

❶ 万が一食材が離れても、衣がかたまる前にくっつければ問題なし。

### 5
はじめは触らずにしばらく揚げ、表面がかたまってきたら菜箸を2～3カ所刺して穴をあける。

❶ 油の通り道ができてカラッと揚がります。菜箸は衣がついていないきれいなものを使って。

### 6 仕上げる
2分ほどして薄く色づいてきたら上下を返し、さらに2分ほど揚げる。油をきって器に盛りつけ、塩を添える。

※揚げ油の処理はP.90へ。

❶ 油に入れたときの上面を上にして盛ると色や形がきれいに見えます。

# アクアパッツァ

魚介のうまみを生かしたシンプルなのにおしゃれな一品。おもてなしにも!

## \ 料理のコツ /

**1** 鯛を焼きつけることで最高のうまみを作る!

**2** 殻が開いたらすぐ仕上げ!であさりの身がふっくら

### 材料2人分

| | |
|---|---|
| 鯛(切り身) | 2切れ(200g) |
| 塩 | 小さじ1/4 |
| こしょう | 少々 |
| あさり | 200g |
| にんにく | 1かけ |
| イタリアンパセリ | 適量 |
| ミニトマト | 10個 |
| ブラックオリーブ(種ぬきのもの) | 10個 |
| 水 | 1/2カップ(100ml) |
| オリーブオイル | 大さじ1 |

**TIME** 15分 ※あさりの砂出しの時間は除く

【 KITCHEN TOOL 】  26cm

| 下準備 | 作り方 |
|---|---|

## 下準備

**あさり**

1. バットに入れて塩水（分量外）をひたひたに注ぎ、アルミホイルをかぶせて暗くて静かな場所に1時間ほどおく。

❶ 砂出しの塩水は海水程度の3%濃度が基本ですが、仕上がりがしょっぱくなりやすいので、やや少なめの2.5%がおすすめ。

2. ボウルに水を溜めてあさりを入れ、流水にあてながら殻と殻をこすり合わせて汚れを洗い、水気をきる。

**鯛**

塩をふって5分ほどおき、出てきた水気をペーパータオルで押さえ、こしょうをふる。

❶ 切り身魚の塩加減は魚の1%が基本。魚200gの場合、塩は小さじ1/3ですが、あさりの塩分を考慮して控えめにします。

**にんにく**

皮をむき、みじん切りにする。

**イタリアンパセリ**

粗みじん切りにする。

## 作り方

### 1 焼く

フライパンにオリーブオイル大さじ1/2を中火で熱し、鯛の皮目を下にして入れて焼きつける。2分ほど焼いてこんがりとしたら上下を返す。

❶ ここでは完全に火を通さなくてOK。

### 2

フライパンの空いているところににんにくを入れ、香りが立つまで炒める。

### 3 蒸し煮にする

あさり、ミニトマト、ブラックオリーブ、水を加え、ふたをしてあさりの殻が開くまで2〜3分蒸し煮にする。

❶ あさりは加熱しすぎると身が縮むので、殻が開くタイミングを見逃さないように！

### 4 仕上げる

オリーブオイル大さじ1/2を回し入れ、好みで塩適宜（分量外）で味を調える。器に盛り、イタリアンパセリを散らす。

❶ このオイルでコクがグッとアップします。

メインおかず

---

**アクアパッツァとは**

アクアパッツァは、魚介を「アクア＝水」で煮るイタリア料理。ブイヨンなどは使わず、素材のうまみを引き出してシンプルに仕上げます。お店では魚1尾で出てきますが、家庭なら切り身でOK。魚介に塩気があるため、基本的には味つけなしで作れてカンタン！

**塩水の作り方**

塩水2.5%の場合

水500ml ＋ 塩大さじ1弱

水に塩を入れてよく溶かす。

# 鶏ハム

しっとり仕上げたむね肉は作りおきにも最適！

## \ 料理のコツ /

**1** 下味は一晩漬け込み、しっかり味をつける！

**2** 弱火と余熱でとびきりしっとり＆やわらかく

### 材料（2本分）

鶏むね肉（皮なし）……………… 2枚（1枚200g）
A ┌ 塩 …………………………………… 大さじ1/2
　├ 砂糖 ………………………………… 大さじ1/2
　└ こしょう …………………………………… 少々

**付け合わせ**
玉ねぎ、レモン ………………………………… 各適量
粒マスタード、オリーブオイル、粗びき黒こしょう
……………………………………………………… 各適量

**TIME** 15分　※漬ける、粗熱を取る時間は除く

【 KITCHEN TOOL 】20cm

| 下準備 | 作り方 |
|---|---|

### 下準備

**鶏肉**

1. ペーパータオルで水気をふき、「観音開き」にする。まず中央に切り込みを入れ、切り口の左側の厚みを切って開き、肉を反対に向けてもう一方も同様に開く（→P.186）。

2. Aをすり込んで密閉できる保存袋に入れ、空気を抜いて口を閉じる。平らにして冷蔵庫で一晩（7〜8時間）漬け込む。

**付け合わせ**

- **玉ねぎ**
皮をむき、縦半分に切ってから繊維を断つように（→P.54）横に薄切りにする。
- **レモン**
くし形切りにする。

### 作り方

**1 水気をふく**

漬け込んだ鶏肉の水気をペーパータオルでしっかりふき取る。

❶ 塩の効果で水気が出てうまみアップ。水気は臭みのもとなのでしっかり取ります。

**2 巻く**

ラップを縦30cm、横40cmほどの大きさに切って広げ、鶏肉の1枚を幅の狭い方を手前に、幅の広い方を奥にしておき、手前からくるくると巻く。

**3**

丸めた鶏肉の手前からラップをきつめにひと巻きし、ラップの両側を内側にぎゅっと折り込んで、さらにきつめに最後まで巻く。同様にラップをもう1枚重ねて巻く。残りの鶏肉も同様にする。

**4 ゆでる**

両手鍋にたっぷりの湯を沸騰させ、3を入れる。弱火にして3分、上下を返してさらに2分ほどゆでる。

❶ 火が強いとかたくなるので、必ず弱火に。

**5 余熱で火を通す**

火を止めてふたをし、湯に浸った状態で2〜3時間おいて粗熱を取る。

❶ しっとりやわらかく仕上げるポイント！

**6 盛りつける**

ラップを外して食べやすく切り、器に盛りつける。玉ねぎ、レモン、粒マスタードを添え、玉ねぎにオリーブオイル、粗びき黒こしょうをふる。

❶ 完全に冷まして水気をふき、新しいラップに巻き替えれば、冷蔵庫で約1週間保存可能です。

メインおかず

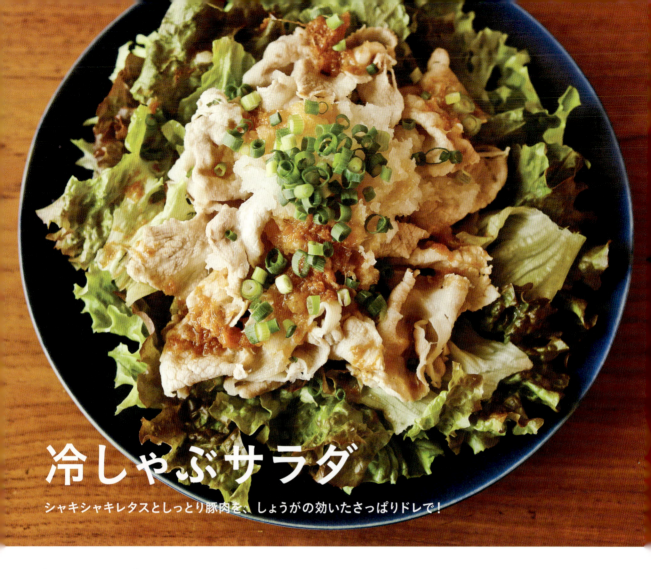

# 冷しゃぶサラダ

シャキシャキレタスとしっとり豚肉を、しょうがの効いたさっぱりドレで！

\ 料理のコツ /

**1** 調味料と香味野菜入りの湯で肉を風味よくゆでる！

**2** やわらか食感に仕上げるにはフツフツ火加減

**3** パサつかない秘密は水に取らず自然に冷ます！

TIME  15分

【 KITCHEN TOOL 】 18cm

## 材料2人分

| | |
|---|---|
| 豚しゃぶしゃぶ用肉 | 150g |
| サニーレタス | 4〜5枚(60g) |
| 大根 | 100g |
| 万能ねぎ | 適量 |
| A 塩 | 適量 |
| 　酒 | 適量 |
| 　長ねぎの青い部分 | 1本分 |
| 　しょうがの皮 | 1/2かけ分 |
| 和風しょうがドレッシング(→P.43) | 大さじ2 |

| 下準備 | 作り方 |
|---|---|

## 下準備

**サニーレタス**
手で一口大にちぎり、冷水にさらしておく。

❗包丁で切ると変色の原因に。冷水を使ってパリッとさせます。

**大根**
皮をむいてすりおろし、小さなざるに上げて水気をきる。

❗押さえつけず、そのまま自然に水気をきるとパサつきません。

**万能ねぎ**
小口切りにする。

## 作り方

**1 ゆでる**

片手鍋にたっぷりの水、**A**を入れて**強火**にかける。煮立ったらねぎ、しょうがの皮を取り出す。

❗**A**を加えると肉のうまみが流れ出にくくなり、また肉に風味がついておいしさアップ。塩の量は湯の量の1〜1.5%が目安。

**2**

フツフツと泡が出続ける程度の**弱めの中火**にし、豚肉を2〜3枚ずつ広げて入れる。

❗強火でぐつぐつではなく、フツフツの火加減がやわらかく仕上がるポイント。

**3**

肉の色が変わったらざるに上げて広げ、冷ます。

❗うまみが流れたり、水っぽくならないよう、水にはさらさず自然に冷まします。

**4 盛りつける**

サニーレタスの水気をしっかりとふき取って器に盛りつけ、**3**の豚肉、大根おろしをのせる。

❗葉物の水気が残っていると水っぽくなるので、しっかり取りましょう。

**5**

食べる直前にドレッシングをかけ、万能ねぎを散らす。

❗ドレッシングの塩分で具材から水が出るので、食べる直前にかけましょう。

# バンバンジー

コクのあるごまだれでゆで鶏も野菜もたっぷり食べられる

## \ 料理のコツ /

**1** 調味料と香味野菜を加えたゆで汁でうまみを逃さない

**2** 肉のやわらかさの秘訣は余熱調理にあり

### 材料 2人分

| 鶏もも肉 | 大1枚(300g) |
|---|---|
| きゅうり | 1本(100g) |
| トマト | 1個(150g) |

A
- 水　4カップ(800ml)
- 塩　小さじ1
- 酒　大さじ3
- 長ねぎの青い部分　1本分
- しょうがの皮　1/2かけ分

### たれ

- 白練りごま　大さじ2
- 砂糖　大さじ1
- しょうゆ　大さじ1・1/2
- 酢　大さじ1
- ラー油　少々
- 長ねぎ　5cm
- しょうが　1/2かけ

TIME
15分 ※ゆで鶏を冷ます時間は除く

【 KITCHEN TOOL 】

18cm

| 下準備 | 作り方 |
|---|---|

## 下準備

### 鶏肉

1. ペーパータオルで水気をふき、余分な皮や皮と肉の間にある白い脂肪を取る。

❗肉の食感をよくして、臭みのもとを取り除きます。

2. 肉の間にある白い筋を切って平らに整え、厚みを均一にする。

❗火の通りを均一にすることがおいしさアップのポイント。

### きゅうり

麺棒でたたいて食べやすく割る（→P.183）。

### トマト

ヘタを取り、縦半分に切って半月切りにする。

### たれ

長ねぎ、しょうがをみじん切りにし、ほかの材料と混ぜ合わせておく。

## 作り方

### 1 ゆでる

片手鍋に**A**を合わせ、鶏肉を入れて**強火**にかける。

❗**A**を加えることで肉のうまみが流れ出にくくなり、やわらかく仕上がります。また風味がついておいしくなります。

### 2

煮立ったらアクを取り、ペーパータオルをかぶせる。フツフツする程度の**弱火**にして5分、肉の上下を返してさらに3分ほどゆでる。

❗肉が水面から出るとかたくなるのでペーパータオルをかぶせます。

### 3 余熱で火を通す

**火を止めて**ペーパータオルをかぶせたままふたをし、ゆで汁の中で冷ましながら余熱で火を通す。

❗余熱でゆっくり火を通してやわらかく仕上げます。

### 4 仕上げる

鶏肉を取り出して食べやすい厚さのそぎ切りにする。

### 5 盛りつける

器にきゅうり、トマトとともに盛りつけ、食べる直前にたれをかける。

❗たれの塩分で野菜から水が出るので、食べる直前にかけましょう。

## COLUMN
# 料理のギモン 〔調理編〕

調理中にやってしまいがちな失敗や、
手が止まってしまいがちなレシピのギモンにお答えします。

---

**Q1 煮込む前に肉を鍋で炒めるとくっつく！**

**A ぬれ布巾にのせて、一度温度を下げましょう**

鍋に油を熱したら、ぬれ布巾にのせて一度温度を落ち着かせてから食材を入れ、再び火にかけましょう。油を十分になじませてから冷ますことで焦げつきにくくなります。また肉がこびりついたときにも同様に冷ますと、肉がはがれやすくなります。

---

**Q2 時間がたつと、サラダが水っぽくなる**

**A 仕上げは食べる直前に！**

具材と調味料を和えてから時間をおくと、具材から水分が出て水っぽくなり、味が薄まってしまいます。和え衣やドレッシングと和えるのは食べる直前に。先に具材を用意して、メインなどの温かい料理を仕上げたあとに和えれば、おいしく食べられます。

---

**Q3 煮物に味をしっかりしみ込ませるには？**

**A 一度冷ますと、味がよりしみます**

2日目のカレーがおいしいように、煮物も味つけしたあとに火を止めてしばらくおくと、冷める間に中まで味が浸透し、より味わい深くなります。次に火にかけるときに煮汁が残っているように、煮詰める前に火を止めておくといいでしょう。

---

**Q4 鶏肉やハンバーグの焼き上がりの目安は？**

**A レシピの加熱時間を目安に判断**

「竹串を刺して透明な肉汁が出たら焼き上がり」といった目安が一般的ですが、竹串を刺すことでせっかく閉じ込めた肉汁が流れ出てしまうので、時間を目安に焼くのがベスト！ 不安な場合は一カ所だけ刺して確認してみて。

---

**Q5 味が濃くなりすぎた！リカバリーできる？**

**A 料理によって水を足したり、ほかの食材を合わせて**

汁物なら濃くなった汁を少し除いて水を足したり、水分の多い野菜を加えてみましょう。炒め物や煮物はさらに水で薄めるとベチャッとなるので、そのままごはんにかけたり、野菜にのせたりするなど、おいしく食べられるようにひと工夫。

---

**Q6 揚げ物をしたあとの油はどうしたらいいの？**

**A こして保存すれば、再利用できます**

熱いうちに油こし用のポットに注いで揚げカスを除き、冷めたらふたをして冷暗所で保管。2週間を目安に揚げ物や炒め物に使います。新聞紙を詰めた牛乳パックに入れて処分を。

※各自治体での処理方法の確認を。

# PART3

## 家庭の味からカフェメニューまで！
## 献立にも役立つ「サブおかず」

和え物やサラダ、小さな煮物など
手軽に作れるシンプルなサブおかずには
基本を学ぶコツがいっぱい詰まっています。
1つずつマスターしてレパートリーを増やして。
サブのおかずが作れるようになると
毎日の食卓が豊かに栄養豊富になります。

# ほうれん草のおひたし

「しょうゆ洗い」で水っぽさゼロ！ 歯ごたえも絶妙

\ 料理のコツ /

**1** 均一にゆでる秘訣は
たっぷりの湯と時間差にあり！

**2** ゆでたほうれん草は
「すぐに冷水にさらす」がお約束

**3** 「しょうゆ洗い」で
おいしさが格段にアップ

TIME
10分

【 KITCHEN TOOL 】
26cm

## 材料2人分

| | |
|---|---|
| ほうれん草 | 1束(200g) |
| 塩 | 少々 |
| しょうゆ | 小さじ1 |
| A　だし | 大さじ3 |
| 　　しょうゆ | 小さじ2 |
| 削り節 | 適量 |

| 下準備 | 作り方 |
|---|---|

## 下準備

**ほうれん草**

1. 水を溜めたボウルに浸け、流水にあてながら洗う。根元は広げて泥をよくすすぐ。

❗ 食べたときにジャリッとしないよう根元の泥は必ず確認を。

2. 根元の太いものは包丁で十字に切り込みを入れ、しんなりしている場合は冷水を張ったボウルに根元を浸けてしばらくおく。

❗ 太い根元に切り込みを入れると、火の通りが均一に。冷水に根元を浸ける「水揚げ」は葉をシャキッと元気にさせる下ごしらえ。

**【ゆでる水について】**
ほうれん草をゆでる水の量の目安は、ほうれん草の5倍以上（ここでは1ℓ）。鍋が小さく適量の水が入れられない場合は、数回に分けてゆでましょう。

**冷水**
ボウルに氷を入れた水を用意しておく。

## 作り方

### 1 ゆでる
フライパンにたっぷりの水を入れ、**強火**にかける。沸騰したら塩を加え、ほうれん草の葉の方を持ち、まず根元を入れて20秒ほどおく。

❗ 火の通りにくい根元から加熱し始めます。

### 2
次にほうれん草を寝かせ、菜箸で葉の方を押さえながら湯に沈める。再び沸騰したら上下を返してさっとゆでる。

### 3 冷まして水気を絞る
冷水に取り、数回水を変えながら手早く冷ます。冷めたら水の中で根元をそろえて束ね、持ち上げて上から下にぎゅっぎゅっと絞って水気をきる。

❗ 急激に冷やすと色よく仕上がり、アク抜きにも。余熱で火が通りすぎないよう手早く行って。

### 4 しょうゆ洗い
バットにのせてしょうゆを回しかけ、再度3と同様にしてぎゅっと絞る。絞った汁はアクがあるので捨てる。

❗ さらに余分な水分を出しながら、下味をつける「しょうゆ洗い」で断然おいしく！

### 5 切る
4〜5cm幅に切り、もう一度汁気をぎゅっと絞る。

❗ 切ったあとは水気が絞りやすくなるので、最後のひと絞りを欠かさずに。

### 6 調味料に浸す
**5**をきれいなバットに入れて**A**を回しかけ、軽くほぐして5分以上浸す。器に盛り、バットに残った**A**をかけ、削り節をのせる。

❗ おひたしの"浸す"作業で味を含ませます。

# きんぴらごぼう

ごぼうの絶妙な食感とこっくり甘辛味がたまらないサブおかずの王様!

## \ 料理のコツ /

**1** ごぼうのアク抜きで
おいしさ倍増!

**2** 先にさっと炒めてコクを出し
手早く仕上げて絶妙な食感に

**3** 炒め煮でごはんが進む
こっくり味に

TIME　15分

【 KITCHEN TOOL 】26cm

## 材料2人分

| | |
|---|---|
| ごぼう | 1本(160g) |
| にんじん | 1/3本(50g) |
| 赤唐辛子 | 1/2本 |
| ごま油 | 大さじ1 |
| A　だし | 大さじ3 |
| 　　砂糖 | 大さじ1/2 |
| 　　酒 | 大さじ1・1/2 |
| 　　みりん | 大さじ1・1/2 |
| しょうゆ | 大さじ1 |
| 白炒りごま | 適量 |

| 下準備 | 作り方 |
|---|---|

## 下準備

### ごぼう

**1.** 包丁の背で皮を軽くこそげ、厚さ5mm、長さ5cmほどの斜め薄切りにしてから細切りにする。

❶ 皮に香りがあるので、真っ白になるまでこそげないこと！

**2.** 水に5分ほどさらして水気をきり、ペーパータオルで水気をふく。

❶ アクが強いのでアク抜きが必須。

### にんじん

皮をむき、ごぼうよりやや細めの細切りにする。

### 赤唐辛子

水に浸けて戻し、ヘタを切って竹串で種を取り出し、小口切りにする。

❶ 種の部分はとくに辛みが強いので取り除く。

## 作り方

### 1 炒める

フライパンにごま油を**中火**で熱し、ごぼうを入れて炒める。少し透き通ってきたらにんじんを加え、さっと炒める。

❶ 火を通すよりも油をなじませてコクを出すイメージ。

### 2 炒め煮にする

Aを順に加え、その都度混ぜる。さらに混ぜながら、汁気がほぼなくなるまで3分ほど炒め煮にする。

❶ 炒めてから水分を加えて煮る「炒め煮」。かたいごぼうはここでしっかり火を通します。

### 3 仕上げる

しょうゆ、赤唐辛子を加え、汁気がなくなり照りが出るまで炒める。器に盛りつけ、白炒りごまをふる。

❶ 赤唐辛子は焦げやすく、最初に入れると辛みが強くなるのでこのタイミングがベスト。

 **料理上手のワザ**

**食材を代える場合は手順も変えて！**

「きんぴら」はごぼう以外にも、れんこんやセロリ、大根の皮など、いろいろな野菜で作れます。かたいごぼうはだしを使って炒め煮にしますが、ごぼうよりも火が通りやすい食材の場合は必要ありません。先にしっかりと炒めて火を通してから調味料を加えてさっと仕上げればOK。少し手順は異なりますが、別の食材でもトライしてみましょう。

# ひじきの煮物

磯の香りがごはんとよく合う最強のおふくろの味！

\ 料理のコツ /

1. ひじきをしっかり戻して食感よく！味も浸透！
2. 油で炒めてコクをプラス！
3. 味をしっかり含ませる決め手は落としぶた

### 材料2〜3人分

| | |
|---|---|
| 芽ひじき（乾燥） | 20g |
| 油揚げ | 1枚 |
| にんじん | 1/4本（約40g） |
| サラダ油 | 小さじ1 |
| A　だし | 1カップ（200ml） |
| 　　砂糖 | 大さじ1 |
| 　　みりん | 大さじ1 |
| 　　酒 | 大さじ1 |
| 　　しょうゆ | 大さじ1・1/2 |

TIME

15分
※ひじきを戻す時間は除く

【 KITCHEN TOOL 】

18cm

| 下準備 | 作り方 |
|---|---|

## 下準備

**芽ひじき**

ボウルに入れてたっぷりの水を注ぎ、さっとすすぐ。ざるに上げて水を変え、たっぷりの水に浸して20分ほどおいて戻す。再度ざるに上げ、水気をしっかりときっておく。

❗しっかり戻さないとやわらかく煮えず、味もしみにくくなるので丁寧に。

**油揚げ**

**1.** 片手鍋に湯を沸かして油揚げを入れ、1～2分ゆでて「油抜き」をする。ざるに上げ、水気をきりながら冷ます。

❗油臭さが取れ、味がよくしみるようになります。

**2.** 水気を絞り、横半分に切ってから縦に5～6mm幅に切る。

**にんじん**

皮をむき、3cm長さの細切りにする。

## 作り方

### 1 炒める

片手鍋にサラダ油を<u>中火</u>で熱し、ひじきを入れて全体に油が回り、つややかになるまで炒める。

❗コクが増し、余分な水分が飛んで味もしみやすくなります。ただし、強く混ぜるとひじきの表面がむけるので注意。

### 2

にんじん、油揚げを加え、全体に油が回るまで炒める。

❗ここはさっとでOK！

### 3 煮る

Aを順に加え、その都度さっと混ぜる。

❗肉じゃが（→P.32）などでは、砂糖を入れて少し煮てからしょうゆを加えますが、味がなじみやすい食材なので同じタイミングで調味します。

### 4

煮立ったら落としぶたをして<u>弱めの中火</u>にし、10分を目安に煮汁がほぼなくなるまで煮る。

❗落としぶたをすることで少ない煮汁でも全体に回り、味が均一に浸透します。

---

### ひじきの分量の目安

乾燥ひじきを使う際のありがちな失敗が、分量をはからずに戻し、使いきれない量になってしまうこと。ひじきは戻すと重量、カサともに約7倍に増えるので、料理を作る際の基準にしましょう。

\ 約7倍に！/

# かぼちゃの煮物

ほくほく＆しっとり、子どもも大好きな甘じょっぱい味も魅力

## \ 料理のコツ /

**1** 面取りで煮崩れを防ぎきれいな仕上がりに

**2** 味つけは「さしすせそ」を実践！

**3** 味をしみ込ませるのは火を止めてから！

TIME 25分

【 KITCHEN TOOL 】 16cm

### 材料2人分

| | |
|---|---|
| かぼちゃ | 大1/4個(400g) |
| だし | 2カップ(400ml) |
| 砂糖 | 大さじ3 |
| みりん | 大さじ1 |
| A 塩 | 小さじ1/3 |
| 　 しょうゆ | 大さじ1 |

| 下準備 | 作り方 |
|---|---|

## 下準備

**かぼちゃ**

**1.** スプーンで種とワタを取り、4〜5cm角に切る。

**2.** 切り口を下におき、包丁で皮をそぐようにところどころむく。

❶ 味をしみやすくします。全部むくと煮崩れてベチャッとなるので数カ所のみに。

**3.** 切り口の角を包丁で削るように切り、「面取り」する。

❶ 角があると煮ている間にぶつかって煮崩れの原因に。

## 作り方

### 1 煮る

片手鍋にかぼちゃの皮を下にして重ならないように並べ、だしを加えて強火にかける。

❶ 大きな鍋だと煮汁がたくさん必要になり、かぼちゃが踊って煮崩れやすくなるので、鍋のサイズは大切。

### 2 味つけする

煮立ったら弱火にし、砂糖、みりんを加えてその都度鍋をさっと揺すり、落としぶたをして3分ほど煮る。

❶ 塩、しょうゆを先に入れると甘みがしみにくくなるので、味つけは甘味調味料から。落としぶたをして全体に煮汁を回して浸透させます。

### 3

Aを順に加えて再び落としぶたをし、弱火で竹串がすっと通るまで3分ほど煮る。

❶ かぼちゃの品種により火の通り方が少し異なるので、時間を目安に最後は竹串でチェック。

### 4 味を含ませる

火を止めてそのまま冷ましながら味を含ませる。

❶ 味がしみるまで煮ていると崩れるので注意！

---

**「含め煮」とは**

肉じゃがやひじきの煮物よりやや多めの煮汁で静かに煮て、仕上げに煮詰めずに味をしっかりしみ込ませる煮物を「含め煮」といいます。かぼちゃのほかに、里いもやさつまいもなどのいも類、高野豆腐なども含め煮にすると、味がじんわりしみておいしく食べられますよ。

**「だしを使う」、「だしを使わない」の基本**

**使う**

野菜（種類が少ない場合）
かぼちゃの煮物などは、だしを加えることでコクが出て味がぼやけない。

**使わない**

| 野菜（種類が多い場合） | 魚 | 肉＋野菜 |
|---|---|---|
| 野菜のうまみが出てだし代わりに。よりコクを出したい場合は使っても。 | だし（かつおや昆布）は魚介系で味が重なるのと、魚からだしが出るので不要。 | 肉のうまみが出るので基本は不要。よりコクを出したい場合は使っても。 |

こってりメインに添えたいさっぱり味

# きゅうりとわかめの酢の物

\ 料理のコツ /

きゅうりの下ごしらえが味を左右する！

15分 / KITCHEN TOOL / 18cm

### 材料2人分

| | |
|---|---|
| きゅうり | 1本（100g） |
| 塩 | 少々 |
| わかめ（塩蔵） | 15g |
| しらす干し | 大さじ2 |
| A〔酢 | 大さじ2 |
| 　砂糖 | 大さじ1 |
| 　しょうゆ | 小さじ1 |

---

## 下準備

**わかめ**

**1.** ボウルに水を入れて「ふり洗い」し（→P.187）、ざるに上げて水を替え、たっぷりの水に10分程度浸して塩抜きし、水気を絞る。

**2.** 熱湯に入れてさっとゆで、すぐに冷水に取って冷まし、水気を絞って一口大に切る。

❗「湯通し」することで色がよくなり、食感もふっくらします。

**きゅうり**

**1.** 塩少々（分量外）をまぶして「板ずり」し（→P.185）、水で流して小口切りにする。

❗色を鮮やかにし、青臭さを取る大切なひと手間。

**2.** ボウルに入れて塩をふり、しんなりしたら手でもみ、水気をぎゅっと絞る。

❗水っぽくならず、また水分が出ている分、合わせ酢がよくしみ込みます。

## 作り方

### 1 和える

ボウルにAを混ぜ合わせ、きゅうり、わかめ、しらすを加えて和える。

❗調味料と合わせて時間をおくと、きゅうりから水分が出て水っぽくなるので、和えるのは食べる直前に！

---

 **料理上手のワザ**

### 「合わせ酢」の使い分け方

酢の物は合わせ酢の加減で味が大きく変わります。覚えておくと便利な合わせ酢は右の3つ。酸味が苦手な場合は二杯酢、三杯酢にだしを加えて加減してもOK。また材料や好みによって、酸味を利かせる、甘みを強く、など調整してみましょう。

| 合わせ酢 | 配合と用途 |
|---|---|
| 二杯酢 | **酢＋塩（またはしょうゆ）**<br>海藻や魚介類におすすめ |
| 三杯酢 | **酢＋しょうゆ＋砂糖**<br>野菜、海藻をはじめ、どんな食材にも合う |
| 甘酢 | **酢＋砂糖＋塩**<br>しょうがやかぶなどの甘酢漬けに |

和え衣でシンプルに和えるだけ
# いんげんのごま和え

\ 料理のコツ /

ゆですぎNG。歯ごたえを少し残して！

## 材料2人分

| いんげん | 100g（約15本） |
|---|---|

A
- 白すりごま ……… 大さじ1・1/2
- 砂糖 ……… 小さじ2
- しょうゆ ……… 小さじ2
- 水 ……… 小さじ2

TIME 10分　【KITCHEN TOOL】 26cm

---

## 下準備

**いんげん**
ヘタを切り落とす。
❶筋が気になる場合は、ヘタを切らずに手で折り、そのまま筋を引っ張って取り除きます。

**冷水**
ボウルに氷を入れた水を用意しておく。

## 作り方

### 1 ゆでる
フライパンにたっぷりの水を入れて**強火**にかける。沸騰したら塩少々（分量外）を加え、いんげんを2分30秒を目安に歯ごたえが少し残る程度にゆでる。
❶塩を入れることで色が鮮やかに！

### 2 冷水にさらす
網などですくい、すぐに冷水に取ってしっかり冷まし、水気をふき取る。
❶余熱でさらに火が通ると食感や色が悪くなるので、あらかじめ冷水を用意して手早く冷やします。

### 3 和える

ボウルに**A**を混ぜ合わせ、いんげんを3等分の長さに切って加え、よく和える。
❶調味料の塩分で水気が出てしまうので、水っぽくならないよう食べる直前に和えましょう。

# あさりの酒蒸し

身はふっくら、蒸し汁もおいしい！

\ 料理のコツ /
**加熱は手早く！でふっくら&うまみたっぷり**

## 材料2人分

| | |
|---|---|
| あさり | 300g |
| 万能ねぎ | 適量 |
| 酒 | 大さじ2 |

TIME 10分 ※砂出しの時間は除く

【KITCHEN TOOL】 26cm

---

## 下準備

### あさり

**1.** バットに入れて塩水（分量外）をひたひたに注ぎ、アルミホイルをかぶせて暗くて静かな場所に1時間ほどおく。

❗砂出しの塩水は海水程度の3%濃度が基本ですが、仕上がりがしょっぱくなりやすいので少なめの2.5%に。

**2.** ボウルに水を溜めてあさりを入れ、流水にあてながら殻と殻をこすり合わせて汚れを洗い、水気をきる。

### 万能ねぎ
小口切りにする。

## 作り方

### 1 蒸す

フライパンにあさり、酒を入れてふたをし、**強めの中火**にかける。ときどきふたを押さえながらフライパンをやさしく揺すり、3分30秒〜4分蒸す。

❗あさりにまんべんなく火を通すため、揺すりながら加熱するのがポイント。

### 2

殻が開いたら**火を止め**、蒸し汁ごと器に盛って万能ねぎを散らす。好みで塩少々（分量外）をふっても。

❗長く火を通すと身が縮むので注意。時間を目安に様子を見ながら殻が開いた瞬間に火を止めます。

**必修！ 料理上手のワザ**

**砂出しのコツをマスター**

塩水の量はあさりが少し出るくらい（ひたひた）が基本。涼しい季節は静かな場所に、夏場は冷蔵庫に入れます。ただし、温度が低すぎると砂をはきづらくなるので、使う少し前に室温におきましょう。

ごまとにんにくを利かせた名脇役!
# 2色ナムル

\ 料理のコツ /

下ゆでしたら水気をしっかり取る!

## 材料2人分

| | |
|---|---|
| もやし | 1袋(200g) |
| ほうれん草 | 1/2束(100g) |
| 塩 | 少々 |
| A ごま油 | 大さじ1・1/2 |
| 　塩 | 小さじ1/3 |
| 　にんにく(すりおろす) | 少々 |
| 　粗びき黒こしょう | 少々 |
| 白炒りごま | 適量 |

TIME 15分　【KITCHEN TOOL】 26cm

## 下準備

### もやし
指でひげ根をつまんで取る。
❗根元からのびるひげ根は食感を悪くするのできれいに取りましょう。

### ほうれん草
**1.** 水を溜めたボウルに浸け、流水にあてながら洗う。根元は広げて泥をよくすすぐ。

**2.** 太い根元は包丁で十字に切り込みを入れ、しんなりしている場合は、冷水を張ったボウルに根元を浸してしばらくおく。
❗火の通りを均一にする作業。「水揚げ」は葉を元気にします。

### 冷水
ボウルに氷を入れた水を用意しておく。

## 作り方

### 1 ゆでる
フライパンにたっぷりの水を入れ、**強火**にかける。沸騰したら塩を加え、もやしをさっとゆでて網ですくい、ざるに上げて水気をきりながら粗熱を取る。
❗水っぽくならないよう冷水には取らず、ざるに上げます。

### 2
同じ湯にほうれん草の根元を入れて20秒ほどおき、全体を沈めて再び沸騰したら上下を返しさっとゆでる。冷水に取って手早く冷まし、水気をよく絞って5cm幅に切り、再度水気を絞る。※P.93参照

### 3 和える
ボウルにAを混ぜ合わせ、もやし、ほうれん草を加えて和える。器に盛りつけて白炒りごまをふる。
❗生のにんにくは風味、辛みが強いので、入れすぎに注意。米粒2、3個程度で十分!

# 蒸し野菜のバーニャカウダ

野菜のおいしさを濃厚ソースでシンプルに味わう

## \ 料理のコツ /

**1** かたいものから時間差で蒸し同時に仕上げる

**2** ソースの味のバランスは焼きにんにくがカギ！

### 材料2人分

| | |
|---|---|
| ブロッコリー | 1/3株（約80g） |
| にんじん | 1/2本（約80g） |
| 黄パプリカ | 1/2個（正味60g） |
| 玉ねぎ | 1/2個（100g） |

**バーニャカウダソース（作りやすい分量）**

| | |
|---|---|
| にんにく | 2かけ |
| 牛乳 | 小さじ1 |
| アンチョビ | 2〜3枚（10g） |
| オリーブオイル | 大さじ5 |

TIME  25分

【 KITCHEN TOOL 】 26cm

| 下準備 | 作り方 |
|---|---|

## 下準備

**ブロッコリー**
小房に切り分ける。

**にんじん**
皮をむき、1cm厚さの輪切りにする。

**黄パプリカ**
種とヘタを取り、縦に1.5cm幅のくし形切りにする。

**玉ねぎ**
皮をむき、縦に1.5cm幅のくし形切りにする。

**バーニャカウダソース**

● **にんにく**
薄皮をつけたままオーブントースターで12〜13分ほど焼き、竹串がすーっと通ったら粗熱を取って薄皮をむく。

❗生のにんにくは香りが強いので、トースターで焼いて香りを抑えます。本来の作り方は牛乳でにんにくをゆでこぼして臭みを取りますが、ここでは手軽に焼く方法で。

● **アンチョビ**
粗く刻む。

## 作り方

**1 ソースを作る**
ボウルににんにくを入れてよく潰し、牛乳を加えてなじませる。残りのソースの材料を加え、よく混ぜ合わせる。

**2 蒸す**
フライパンににんじん、玉ねぎを広げ入れ、水1・1/4カップ（250ml／分量外）を回し入れる。

❗火が通りにくいかたい野菜から加熱します。

**3**
ふたをして<u>中火</u>にかけ、<u>煮立ったら6分</u>ほど蒸す。

**4**
**3**にブロッコリー、黄パプリカを加えてふたをし、<u>中火</u>のままさらに4分ほど蒸す。水気をふいて器に盛りつけ、**1**のソースを添える。

❗ブロッコリーに竹串を刺して火が通っていればOK。

> 必修！　**料理上手のワザ**

### フライパンなら蒸し野菜もカンタン

フライパンは底の面積が広く、野菜の重なりが少なくてしっかり蒸せます。ここでは数種類の野菜を加熱するので、最初に入れて湯に浸かる野菜はかたいものを選びましょう。蒸し器がなくても手軽に蒸し料理が作れるので、好きな野菜を蒸して楽しんで。

# ラタトゥイユ

栄養満点の夏野菜をじっくり煮込む南仏の家庭の味

## \ 料理のコツ /

**1** 野菜の大きさをそろえると食べやすくなる

**2** コクを出すために油でしっかり炒める！

**3** 野菜の水分だけで煮てうまみをぎゅっと凝縮

TIME 35分

【 KITCHEN TOOL 】 20cm

### 材料（作りやすい分量）

| | |
|---|---|
| なす | 大2本(200g) |
| ズッキーニ | 1本(150g) |
| 黄パプリカ | 1個(正味120g) |
| 玉ねぎ | 1個(200g) |
| セロリ | 1本(80g) |
| にんにく | 1かけ |
| オリーブオイル | 大さじ3 |
| A [ ホールトマト水煮缶 | 1缶(400g) |
| 　　砂糖 | 小さじ2 |
| 　　塩 ] | 小さじ1 |

## 下準備

### なす｜ズッキーニ
1. それぞれヘタを切り、縦に四つ割りにして2cm幅に切る。
- 大きさをそろえて切ると、火が通しやすく食べやすくなります。

2. なすは水に浸け、ペーパータオルをかぶせて5分ほどおき、水気をふく。
- なすは水に浮くので水面から出ないようにペーパータオルをかぶせます。

### 黄パプリカ
縦半分に切って種とヘタを取り、2cm角に切る。

### 玉ねぎ
皮をむき、2cm角に切る。

### セロリ
筋を取り、斜め薄切りにする。

### にんにく
皮をむき、縦半分に切って芽を取る。

### ホールトマト水煮缶
ボウルに入れて手で粗く潰す。

## 作り方

### 1 炒める
両手鍋にオリーブオイル大さじ2を**中火**で熱し、なすを入れて2分ほど炒める。つややかになったら一度取り出す。
- 油を吸いやすいなすは、ほかの野菜とは別に炒めます。

### 2
1の鍋にオリーブオイル大さじ1、にんにくを入れて**中火**で熱し、香りが立ったら玉ねぎを加えて透き通るまで炒める。
- しんなりしにくい玉ねぎから炒めること。

### 3
ズッキーニ、黄パプリカ、セロリを加え、全体に油が回るまで炒める。
- 油をしっかり行き渡らせてうまみを引き出します。

### 4 煮る
1のなすを戻し入れ、**A**を加えて混ぜる。ふたをして**弱火**にし、汁気がなじむまでときどき混ぜながら20分ほど煮る。
- 野菜の水分を引き出すため、塩は仕上げではなくこのタイミングで加えましょう。

### 5 仕上げる
汁気が多い場合は、仕上げに**強火**にしてさっと煮詰める。好みでオリーブオイル適量（分量外）を加えて混ぜる。
- 煮詰めてうまみを凝縮させ、オリーブオイルを加えて香りとコクをプラスしても。冷まして保存容器に入れて、冷蔵で約5日間保存可能。

**必修！ 料理上手のワザ**

**トマト水煮缶を生のトマトに代えてもOK**

トマト水煮缶は安く手に入るうえ、使い勝手も抜群です。このレシピではトマト水煮缶の水分を生かしてうまみを凝縮させていますが、同量のフレッシュトマトを代用してもOK。さっぱりおいしく作れます。

サブおかず

# ほうれん草とベーコンのキッシュ

パイシートと具材を一度で焼き上げる手軽な作り方！

## \ 料理のコツ /

**1** 卵液に混ぜる具材は先に炒めて冷ましておく

**2** 具を均一に広げて焼くと見た目もきれい！

### TIME

65分

### 【 KITCHEN TOOL 】
26cm

### 材料（直径22cmのタルト型1台分）

| | |
|---|---|
| ほうれん草 | 1/2束（100g） |
| ベーコン（厚切り） | 100g |
| 玉ねぎ | 1/4個（50g） |
| しめじ | 1/2パック（50g） |
| A 溶き卵 | 3個分 |
| 　牛乳 | 1/2カップ（100ml） |
| 　生クリーム | 1/4カップ（50ml） |
| 　粉チーズ | 大さじ3 |
| 　塩 | 小さじ1/3 |
| 　こしょう | 少々 |
| 冷凍パイシート | 2枚（10×18cm） |
| サラダ油 | 大さじ1/2 |

※タルト型がない場合は、同サイズの耐熱皿でも可。

| 下準備 | 作り方 |
|---|---|

## 下準備

**ほうれん草**
1. フライパンにたっぷりの水を入れ、強火にかける。沸騰したら塩少々（分量外）を加え、根元から入れてさっとゆでる。冷水に取って冷まし、水気をぎゅっと絞る。
2. 4cm長さに切り、再度水気をぎゅっと絞る。

❗水っぽくならないよう、しっかり絞っておきます。

**玉ねぎ**
皮をむき、縦に薄切りにする。

**しめじ**
石づきを落とし、小房に分ける。

**ベーコン**
1cm角の棒状に切る。

**材料A**
混ぜ合わせて卵液を作る。

**冷凍パイシート**
室温に5〜10分ほどおいて半解凍する。

**オーブン**
180℃に予熱する。

## 作り方

### 1 具材を炒める
フライパンにサラダ油を<u>中火</u>で熱し、玉ねぎをしんなりするまで炒める。しめじを加えて炒め、<u>しんなりとしたら</u>ほうれん草、ベーコンを加えさっと炒める。バットに取り出して粗熱を取る。

### 2 生地を用意する
オーブンシートをしいて冷凍パイシート2枚をのせ、1cmほど重ねてつなぎ目を指で押してなじませ、くっつける。

### 3
麺棒で26×26cmほどになるようにのばす。

### 4
パイシートをタルト型にしき込み、余ったフチを手で押さえながら切り落とす。底全体にフォークを20回ほど刺して穴をあける。

❗穴をあけておくと空気が抜け、焼いても生地が盛り上がりにくくなります。

### 5 合わせる
Aの卵液に **1** を混ぜ合わせて **4** に流し入れ、具を均一に広げて整える。

### 6 焼く
<u>180℃</u>に予熱したオーブンに入れ、<u>卵に火が通り、生地がふっくらとふくらむ</u>のを目安に45分ほど焼く。粗熱を取ってタルト型から取り出し、食べやすく切る。

❗完全に冷ましてから冷蔵庫で冷やして食べるのもおすすめ！

穏やかな酸味とレーズンの甘みが人気！
# キャロットラペ

\ 料理のコツ /

塩もみで水分をしっかり抜くと
ドレッシングがよく浸透！

TIME
15分

## 材料2人分

| | |
|---|---|
| にんじん | 1本(150g) |
| レーズン | 大さじ2 |
| A オリーブオイル | 大さじ2 |
| 　白ワインビネガー(なければ酢) | 大さじ1/2 |
| 　塩 | 小さじ1/3 |
| 　こしょう、砂糖 | 各少々 |

---

### 下準備

**にんじん**

**1.** 皮をむき、スライサーで千切りにする。

❶ 千切り用のスライサーが便利。太さが均一になり食感、味のムラが解消。チーズおろし器でもOK。

**2.** ボウルに入れて塩少々（分量外）をふってさっと混ぜ、10分ほどおいて水気をぎゅっと絞る。

❶ 事前に水分を出しておくと水っぽくならず、ドレッシングをよく吸って味なじみアップ。

### 作り方

**1 和える**

ボウルにAを混ぜ合わせ、にんじん、レーズンを加えてよく和える。

---

**キャロットラペはアレンジ自在！**

キャロットラペはにんじんと合わせる素材を代えるだけで、味のバリエーションが広がります。例えば、オレンジやグレープフルーツなどの柑橘、巨峰など、フレッシュなフルーツを使えばおしゃれな一品に。また、刻んだハーブを混ぜて香りを足したり、ナッツ類で食感にアクセントをつけるのもおすすめです。

さっぱり味とシャキシャキ感がクセになる
# コールスロー

\ 料理のコツ /
具材の水気をしっかり抜いて味なじみアップ！

## 材料2人分

| | |
|---|---|
| キャベツ | 4〜5枚（約250g） |
| にんじん | 1/5本（約30g） |
| 塩 | 小さじ1/4 |
| 玉ねぎ | 1/8個（25g） |
| ホールコーン缶 | 大さじ4 |
| A マヨネーズ | 大さじ3 |
| オリーブオイル | 大さじ1/2 |
| レモン汁 | 大さじ1 |
| 砂糖 | 小さじ1/2 |
| 塩 | ひとつまみ |
| こしょう | 少々 |

TIME 15分

## 下準備

**キャベツ**
芯をV字に切り落とし、4〜5cm長さの細切りにする。

**にんじん**
1. 皮をむき、3cm長さの千切りにする。
2. キャベツと一緒にボウルに入れ、塩をふってさっと混ぜる。10分ほどおいてしんなりしたら、ぎゅっぎゅっと手でもんでから水気をしっかりと絞る。

❗これでドレッシングが薄まらず、仕上がりも水っぽくなりません。

**玉ねぎ**
皮をむき、横半分に切ってから縦に薄切りにし、冷水に5分ほどさらして水気をよくきる。

## 作り方

**1 和える**
ボウルに **A** を混ぜ合わせ、キャベツ、にんじん、玉ねぎを加えてよく和える。

**2**
コーンを加えてさっと和える。

❗コーンは潰れやすいので、よく和えたあとにさっと混ぜればOK。

### コールスローの基本
コールスローはキャベツが主役で、みじん切りのレシピも多いですが、本来は千切りや細切りが基本です。ドレッシングはマヨネーズ系が主流ですが、さっぱり食べたいときは基本のフレンチドレッシング（→P.42）でお試しを。

パパッと作れるおしゃれな前菜
# スモークサーモンのマリネ

\ 料理のコツ /

**玉ねぎの繊維を断ってしんなり感アップ**

### 材料2〜3人分

| | |
|---|---|
| スモークサーモン（スライス） | 100g |
| 玉ねぎ | 1/2個（100g） |
| レモン（国産） | 1/4個 |
| パセリ | 適量 |
| A　オリーブオイル | 大さじ3 |
| 　　レモン汁 | 大さじ1 |
| 　　塩 | 小さじ1/3 |
| 　　砂糖、こしょう | 各少々 |

TIME 10分 ※なじませる時間は除く

## 下準備

### 玉ねぎ
皮をむき、横に薄切りにする。好みで水に5分ほどさらして水気をきり、ペーパータオルに包んでしっかりと水気を絞る。

❗ 繊維を断ち切るように（→P.54）横に薄切りにすると、しんなりしやすくマリネ向きに。辛みを抜きたい場合は水にさらしましょう。

### レモン
皮に塩少々（分量外）をこすりつけてしっかり洗い、薄い半月切りにする。

❗ 塩で汚れやワックスを落とし、香りを引き出します。

### パセリ
みじん切りにする。

## 作り方

### 1 和える
Aをバットなどに混ぜ合わせ、玉ねぎ、レモンを入れて和える。しんなりするまで10分ほどおき、味をなじませる。

❗ 先に玉ねぎとレモンをなじませることで風味が引き出され、マリネ液がおいしくなります。

### 2
スモークサーモンを広げて加え、全体が絡むように和える。器に盛りつけてパセリをふる。

**アクセント食材でカンタンアレンジ！**

色鮮やかで見た目にもおしゃれなサーモンマリネ。サラダと一緒に食べたり、パンにのせたり、おもてなしのオードブルにもぴったりです。好みでケイパー、ディル、黄パプリカなど、香りや味のアクセントになる食材を加えて、手軽にアレンジを楽しんでみましょう。

酸味がすっきり！冷やしてもおいしい
# ピクルス

\ 料理のコツ /

水分を抜いてから漬け込むと味なじみアップ

### 材料（口径9cm×高さ15cmの保存瓶1個分）

| | |
|---|---|
| 大根 | 1/6本（200g） |
| きゅうり | 1本（100g） |
| 黄、赤パプリカ | 各1/2個（正味120g） |
| A 酢 | 1カップ（200ml） |
| 　水 | 1カップ（200ml） |
| 　砂糖 | 大さじ6 |
| 　塩 | 小さじ2 |
| 　黒粒こしょう | 5〜6粒 |
| 　ローリエ（あれば） | 1枚 |
| 塩 | 小さじ1/2 |

TIME 15分　※塩をなじませる、漬ける時間は除く
【 KITCHEN TOOL 】 16cm

## 下準備

**大根**
皮をむき、長さ6〜7cm、太さ1cmの棒状に切る。
❗野菜は形と大きさをそろえて切ると食べやすいです。

**きゅうり**
長さを3等分に切り、縦に四つ割りにする。

**パプリカ**
種とヘタを取り、横半分に切って縦に1.5cm幅に切る。

## 作り方

### 1 ピクルス液を作る
片手鍋にAを入れて混ぜ合わせ、中火にかける。ひと煮立ちして砂糖と塩が溶けたらボウルなどに移し、粗熱を取る。
❗調味料を溶かすと同時に、ひと煮立ちさせることで酢の酸味が和らぎます。

### 2 野菜の水気を絞る
大根、きゅうり、パプリカをボウルに入れて塩をふり、さっと混ぜる。20分ほどおいて水気を絞る。
❗野菜の水分を出すとピクルス液がよく浸透！

### 3 漬ける
保存瓶に2を入れて1を注ぐ。完全に冷めたら野菜が浸かった状態で冷蔵庫におき、半日以上漬ける。
❗3時間ほどして冷めて味がなじめばOK。食べて液量が減ったら、残った野菜の上下をときどき返しましょう。

# 基本の卵料理

## 好みのかたさを楽しもう！
## ゆで卵

 16cm

### 材料 4個分
- 卵 ………………………… 4個
- 水 ………………… 4カップ (800ml)
- 塩 ………………………… 小さじ1

| かため |  | 水からゆでて煮立ってから **12分** |
| 普通 |  | 水からゆでて煮立ってから **8分** |
| 半熟 |  | 熱湯に入れて **6分** とろとろの半熟は、熱湯からゆでると殻がむきやすなるのでおすすめ！ |

**1** 片手鍋に卵と、卵がかぶる程度の水を注ぎ、15分ほどおく。塩を入れ、**強火**にかける。

❗ 急激に加熱するとひびが入りやすいので注意。また、塩を入れることでひびが入っても白身が流れ出にくくなります。

**2** 煮立つまで何度か卵を転がしながらゆでる。

❗ 卵の上下左右を返すと、黄身が中央でかたまります。

**3** 煮立ったら**弱めの中火**（鍋の中がフツフツと泡が出続ける状態）にして好みの加減にゆでる。

❗ 沸騰するまでの間に黄身の位置が決まるので、ここからは転がさなくてOK。

**4** 余熱で火が通らないようにすぐに冷水に取り、粗熱が取れたら殻にひびを入れ、水の中で殻をむく。

❗ 急激に冷やすと殻と白身の間に隙間ができてつるっとむけます。

---

## 目で確認しながら好みのとろ〜り加減に！
## 目玉焼き

TIME **5分**

20cm

### 材料 2人分
- 卵 ………………………… 2個
- サラダ油 ………………… 少々

### 作り方
**1** 卵を1つずつ小さな器に割り入れ、殻や血が混じっていないか確認し、気になる場合は「カラザ」（→P.188）を取る。

**2** フライパンにサラダ油を**中火**で熱し、卵を1つずつ入れて**火をやや弱め**、ふたをしないで好みの半熟加減になるまで焼く。

弱火で丁寧に混ぜながら焼けば憧れのふわとろに！
# スクランブルエッグ

TIME  10分

【 KITCHEN TOOL 】 20cm

サブおかず

\ 料理のコツ /

1 牛乳を加えてふんわり
2 弱火でこするように混ぜる！
3 余熱で仕上げてふわとろ！

## 材料2人分

| | |
|---|---|
| 卵 | 4個 |
| 牛乳 | 大さじ4 |
| 塩 | 小さじ1/4 |
| こしょう | 少々 |
| バター | 20g |

---

## 下準備

### 卵

**1.** 卵を1つずつ小さな器に割り入れ、殻や血が混じっていないか確認し、「カラザ」(→P.188)を取ってからボウルに合わせる。

❗ カラザがあると食感が悪くなるので取るのがおすすめ。

**2.** 菜箸の先をボウルの底につけ、前後に動かしながら白身を切るようにしてほぐす。

❗ 泡立てないこと！

**3.** 牛乳、塩、こしょうを加え、再度菜箸で泡立てないようによく混ぜる。

❗ 卵以外の液体が加わるとかたまりづらくなり、ふんわりと仕上がります。

## 作り方

**1**
フライパンにバターを中火で熱し、バターが溶けたら卵液を流し入れ、フライパンの底をゴムベラでこするようにしながら全体を混ぜる。

❗ フライパンに接している部分からかたまるので、底をこするように全体を均一に混ぜます。

**2**
底に卵がかたまるようになってきたら弱火にし、さらにじっくりと混ぜる。

❗ 卵液全体が温まり、かたまるスピードが速くなるので、手早く混ぜます。

**3**
液体部分がなくなったら火を止めてさらに混ぜ合わせ、卵が流れない状態になったら、すぐに器に盛りつける。

❗ 火を止め、余熱で火を通すことで、ふわとろに仕上がります。

115

COLUMN

# 食材の保存方法 （冷蔵・常温編）

食材の保存性はやり方しだいでアップ！無駄なく使えて節約にも。
野菜、肉・魚、使いかけ食材の冷蔵・常温保存の基本を覚えましょう。

## 野菜

**保存袋や紙袋に入れて「冷蔵庫」、または「常温」で保存**

### 冷蔵保存

**ラップに包んで密閉が基本**

野菜は水分が失われると品質が低下するため、ラップに包んで密閉袋に入れ、野菜室で保存。

**葉つき野菜の場合**
大根などの葉つき野菜は、葉に栄養分を取られないように葉と根を切り離し、ラップに包んで保存。

**きのこの場合**
しめじなどのきのこ類は石づきをペーパータオルで包み、保存袋または新聞紙にくるんで野菜室へ。

### 常温保存（冷暗所）

**根菜類は冷暗所に**

じゃがいも、玉ねぎなどの根菜類は紙袋やカゴに入れ、光の当たらない風通しのよい涼しい場所に。

> **育った環境に合わせるもうひと工夫**
> 多くの野菜は畑に生えているときと同じように立てて保存すると長持ちします。

## 肉・魚

**水気をふいてラップに包む**

魚や肉類は空気に触れると酸化が進んで鮮度が落ちやすいため、すぐ使わないものは表面の余分な水分をペーパータオルでふき取り、ラップに包んで保存袋に入れて冷蔵庫へ。一尾魚は内臓を取り除いてから保存。

▶ 切り身は塩と酒をふってから保存しても◎。

▶ 肉は小分けにしてチルドルームへ。

## 使いかけの食材

**種類別にまとめておく**

使いかけの食材は切り口が乾燥しないようにラップに包み、さらに保存容器に入れて保存。使いかけ食材専用の保存容器を用意し、根菜類、香味野菜などの種類別にひとまとめにしておくと使い忘れがなくて便利！

▶ 野菜の使いかけはラップをして容器で保存。

▶ 豆腐は水に浸した状態で冷蔵庫へ。

## 使いかけの調味料

**粉もの、アルコール類、油以外は冷蔵保存**

塩、砂糖、酒、みりん、油類は冷暗所で常温保存OK。ただし、流し台の下は夏場は熱がこもるので、状況に応じて場所を移動させて。みそやしょうゆは空気に触れると風味が落ちるため、冷蔵庫で保存するのがおすすめ。

**常温保存**

酒、オリーブオイルなどの油類、砂糖、塩、みりん、はちみつなど。

**冷蔵保存**

しょうゆ、みそ、ポン酢、マヨネーズ、麺つゆ、ソース、ケチャップなど。

# PART4

## 炊飯の基本から丼、麺、パンまで！
## 大満足の一品メニュー「ごはん・汁物」

毎日のごはん作りに欠かせない
ごはんの炊き方やだしの取り方から、
忙しいときやパパッと食べたいときに活躍する
どんぶり、スパゲッティ、サンドイッチ、
一緒に添えたい汁物まで。
このPARTから始めてみるのもおすすめです。

基本を覚えて毎日おいしい！
# ごはんの炊き方

TIME
**105分**

おいしい食事は、おいしいごはんが炊けてこそ。炊飯器があれば、米を洗ってスイッチを押すだけで炊けますが、実は洗い方や水加減で炊き上がりのおいしさが変わります。かたさの好みは人それぞれですが、まずは基本から作って調節してみましょう。

### 材料（作りやすい分量）

| | |
|---|---|
| 米 | 2合（360ml） |
| 水 | 適量 |

## 米をはかる

米を米用の計量カップに多めに入れ、菜箸などですりきりにはかる。

**米用の計量カップは180ml＝1合**
炊飯器の付属のものを使用しましょう。料理に使う計量カップは200mlと、容量が異なるので注意して。

## 米を洗う

**1**

ボウルに米を入れてたっぷりの水を注ぎ、さっとひと混ぜしてすぐに水を捨てる。これを2〜3回繰り返す。

❶ 洗い始めは米が水気をよく吸い上げます。米ぬかが溶け出した水を吸い戻してぬか臭さが残らないよう、新しい水に手早く交換！

**2**

指先で軽く押しながら混ぜ、10回ほどやさしく洗う。

❶ ざるの中で洗ったり、ゴリゴリと強く押したりすると、米が割れやすくなるので、「やさしく」が基本。

**3**

水を注ぎ、やさしく大きく混ぜてから水を捨てる。

**4**

水がうっすらと透明になるまで、**2〜3**の作業を3〜4回ほど繰り返す。

❶ 完全に透き通っていなくてOK！写真くらいの透明感を目安に行いましょう。

## 米を炊く

**1** ざるに上げて水気をきる。

❗ といだ水をしっかりきります。

**2** 炊飯器の内釜に **1** の米を入れ、水を2合の目盛りまで入れる。そのまま30分ほど浸水させる。

❗ きれいな水をしっかり吸わせると、芯が残らずふっくら炊けます。

・慣れたら好みのかたさに
やわらかめが好きなら水を増やし、かためが好きなら水を減らしてみて。

・新米の場合
新米は水分を多く含んでいるので、水をやや減らすのがおすすめ。

**3** 炊飯器のスイッチを入れ、普通に炊く。炊き上がったら10分ほど蒸らし、ぬらしたしゃもじでさっくりと混ぜる。

❗ 底からすくって大きく混ぜます。こねないように注意。

水でぬらしておくとくっつかない！

### 炊飯器について
最近の炊飯器では、炊飯スイッチを入れると同時に浸水（吸水）からはじまるタイプや、炊き上がりのサインのときに蒸らしまで終わっているタイプもあります。説明書を読んで確認し、浸水と蒸らしを行いましょう。

---

食欲がないときや体調の悪いときに

# 七分がゆ

**TIME**

**65分**
※浸水時間は除く

【 KITCHEN TOOL 】

18cm

### 材料（茶碗2〜3杯分）

米 ………………………………… 1/2カップ（100ml）
水 ………………………………… 3・1/2カップ（700ml）
塩、梅干し ………………………………… 各適宜

### 作り方

**1** 米はごはんと同様に洗い、ざるに上げてしっかりと水気をきる。
❗ 余分な水分が入らないように水気をよくきります。

**2** 鍋に **1** の米、水を入れ、1時間ほど浸水させる。
❗ 米の芯まで十分に浸水させないと煮崩れの原因に。

**3** **2** を強火にかけ、煮立ったら弱火にする。鍋底から一度大きく混ぜてからふたをずらしてのせ、40〜50分炊く。好みで塩をふり、梅干しを添える。

❗ おかゆは何度も混ぜるとのり状になってしまうので、混ぜるのは1回のみ。ここで鍋底についた米をはがしておくと、こびりつきません。

### 水加減で好みのおかゆに！

| | | | |
|---|---|---|---|
| 全がゆ | ＝ 米1：水5 | 五分がゆ | ＝ 米1：水10 |
| 七分がゆ | ＝ 米1：水7 | 三分がゆ | ＝ 米1：水15 |

炊いたごはんでまずこの一品！

# 塩おにぎり

上手ににぎればとびきりおいしい！

## \ 料理のコツ /

**1** 手につける適量の塩が
味の決め手！

**2** 温かいごはんを使って、
ほろりとやわらかい食感に

**3** にぎりの極意は
やさしく包み込むように！

### 材料（4個分）

ごはん（温かいもの）………茶碗2杯強（400g）
塩……………………………………………適量
焼きのり……………………………全形1/2枚

TIME

**7分**

| 下準備 | 作り方 |
|---|---|

**焼きのり**
キッチンばさみで4等分に切り分ける。

❶ にぎり終わったらすぐに巻けるように、先に用意しておきます。

### 1 にぎる前の準備
ボウルに水（分量外）を用意し、指、手のひらに水をつけてさっと広げる。

❶ 水が少ないと手にごはん粒がつきやすく、反対に多すぎるとべったりするので注意。

### 2
人さし指、中指の先に塩をつけ、手のひらを軽くこすり合わせるようにして全体に広げる。

❶ ごはんに混ぜず、表面につけることでしっかりと塩味が立ち、味が決まります。

### 3
ごはんの1/4量を茶碗に入れ、ふんわり軽くまとめる。

❶ 炊き立てで手のひらがやや赤くなるくらいの温度（火傷しない程度）がベスト。

### 4 にぎる
3を左手にのせ、左手は谷の形に、右手は山の形にして、両手で包むように軽くまとめる。

❶ 中に具を入れる場合はこのタイミングで。

### 5
左手の親指のつけ根あたりでおにぎりの側面を、右手の人さし指、中指、親指のつけ根あたりでおにぎりの山を作る。手前に数回転がして三角に形を整える。

❶ 何度も転がしていると冷めてかたくなるので、形を整える程度に。

### 6
好みの位置にのりを巻く。

❶ すぐに巻くことでくっつきやすく、おにぎりとなじみます。

ごはん・汁物

# 料理のおいしさを底上げする
# だしの取り方

## 幅広く使える「基本のだし」
## 昆布と削り節のだし

本書で使用している基本のだしがコチラ。汁物や煮物に欠かせない存在です。冷蔵で2〜3日、冷凍で1カ月保存可能。

| 材料　約5カップ（1000ml）分 | |
|---|---|
| 昆布 | 10×5cm角を2枚（約10g） |
| 削り節 | 20g |

※昆布は水の1%前後、削り節は1.5%前後を目安にする。

| | |
|---|---|
| 水 | 6カップ（1200ml） |

**TIME**

**40分**

※水に浸ける時間は除く

18cm

### 昆布の下準備

**1**

昆布はかたく絞ったペーパータオル（または布巾）で表面の汚れやほこりをさっとふく。

❶ 白い部分はうまみ成分なのでふき取らないこと。

**2**

片手鍋に水、昆布を入れて30分ほどおいておく。

❶ 水に浸すことでうまみ成分が出やすくなります。

### だしを取る

**3**

片手鍋を**弱火**にかけ、プツプツと小さな泡が出てきたら昆布を取り出す。

❶ うまみを十分に出すため、弱火でゆっくりと煮出します。煮立つと昆布のぬめりや臭みが出るので煮立たせないように。

**4**

**強火**にして煮立つ直前まで温めたら、削り節を広げるように一度に入れる。すぐに**弱火**にし、菜箸でそっと沈めて1分ほど煮出す。

❶ 長く煮出すと雑味や濁りの原因になるので注意！

**5**

**火を止めて**削り節が鍋底に沈むまでそのままおく。

❶ ぐるぐる混ぜたりすると雑味、濁りが出てしまうので、触らず静かにおいておきましょう。

**6**

ざるにペーパータオルをしいてボウルに重ね、鍋をあけてこす。

❶ 雑味、濁りの原因になるので、ペーパータオルは絞らないこと！

| 昆布 | | 削り節 | |
|---|---|---|---|
| 昆布は産地によって分類されますが、代表的なのはこちらの4種類。味や風味も異なるので好みに合わせて選びましょう。 | 【真昆布】上品な香りと澄んだうまみ。<br>【利尻昆布】クセがなく、うまみは強め。<br>【羅臼昆布】風味、うまみがともに強い。<br>【日高昆布】磯の香りが強く、煮物向き。 | かつお、さば、いわし、まぐろなどの干し魚を薄く削ったもの。基本のだしにはかつお節がおすすめでカビつきを削った「本枯節（ほんかれぶし）」とカビなしを削った「荒節（あらぶし）」があります。 | |

うまみと風味が利いたパンチある味わい

# 煮干しだし

基本のだしより個性が強く、好みでみそ汁や麺類、煮物に使ってみましょう。冷蔵で2〜3日、冷凍で1カ月保存可能。

材料　約2カップ（400ml）分

煮干し……………………………………… 15g
水……………………………2・1/2カップ（500ml）

**10分**
※水に浸ける時間は除く

16cm

## 煮干しの下準備

**1** 煮干しは頭、腹ワタを取り除く。
頭　腹ワタ
❶ 臭み、苦みが出る部分なので、1つずつ丁寧に取りましょう。

**2** 大きいものは中骨に沿って手で半分に割る。
❶ 割ることでうまみが出やすくなります。小さいものはそのままでも大丈夫。

**3** ボウルに水、煮干しを入れて30分以上、できれば一晩おく。
❶ ゆっくりとうまみを引き出します。夏場など暑いときは、冷蔵庫に入れて。

## だしを取る

**4** 3を片手鍋に移し、**中火**にかける。煮立ったらアクを取って**弱火**にし、3〜4分煮出す。
❶ 長く煮立てると苦みや渋みが出るほか、濁りの原因にもなるので注意。

**5** ざるにペーパータオルをしいてボウルに重ね、鍋をあけてこす。
❶ 基本のだしと同様に、絞らないこと。

| 煮干し |
|---|
| 煮干しはかたくちいわしをゆでて干したもの。西日本では「いりこ」と呼ばれています。酸化しやすい魚なので、銀色のきれいな色を基準に選びましょう。黄色っぽいものや、腹が割れているものは鮮度が落ちている可能性があるので避けるように。 |

> おいしいだしでまずはこの一品！

ホッとする度NO.1？ 日本のソウルフード
# 豆腐とわかめのみそ汁

TIME  10分
※わかめの塩抜き時間は除く

【 KITCHEN TOOL 】  16cm

### \ 料理のコツ /

1. 具材はみそを加える前に火を通す
2. みそを入れたらグラグラさせない
3. みその香りが立つ瞬間に火を止める

### 材料2人分

| | |
|---|---|
| 絹ごし豆腐 | 1/2丁（150g） |
| わかめ（塩蔵） | 5g |
| だし | 2カップ（400ml） |
| みそ | 大さじ1・1/2 |

## 下準備

**豆腐**
ペーパータオルで水気をふき、1〜1.5cm角に切る。

**わかめ**
1. ボウルに水を入れて「ふり洗い」（→P.187）し、ざるに上げて水を替え、たっぷりの水に10分程度浸して塩抜きする。
2. 水気を絞って食べやすく切る。

## 作り方

### 1 具材を煮る
片手鍋にだしを入れて中火にかける。煮立ったら豆腐、わかめを入れてひと煮する。

❗豆腐は長く煮るとかたくなるので温める程度に。わかめも食感が悪くなるのでさっと煮が基本。

### 2 みそを溶く
火を弱め、みそこしにみそを入れてだしの中で溶く。

❗みそはグラグラと煮立たせると香りが飛ぶので、弱火にして溶き入れます。

### 3 仕上げる
火を少し強め、煮立つ直前に火を止める。

❗煮立たせるのはNG！みその香りが立つ、煮立ちかけ（＝煮えばな）で火を止めます。

具材を代えればおいしさも広がる

# みそ汁バリエーション

## やさしい甘みでほっこり味に
### かぼちゃと玉ねぎのみそ汁

TIME
15分

**材料2人分**

かぼちゃ(1cm厚さのいちょう切り)
……………………………… 120g
玉ねぎ(くし形切り)
……………………… 1/4個(50g)
だし ………… 2カップ(400ml)
みそ ………………… 大さじ1・1/2

**作り方**

片手鍋にだしを入れて中火にかける。煮立ったらかぼちゃ、玉ねぎを入れ、やわらかくなるまで煮る。みそを溶いて火を少し強め、煮立つ直前に火を止める。

❗具材にしっかり火を通してから、みそを溶きます。

## キムチの辛みがアクセントに
### ちくわとキムチのみそ汁

TIME
10分

**材料2人分**

ちくわ(小口切り) ……………… 1本
白菜キムチ(カットタイプ)… 60g
煮干しだし …… 2カップ(400ml)
みそ ……………………… 小さじ2

**作り方**

片手鍋にだしを入れて中火にかける。煮立ったらちくわ、白菜キムチを加えてさっと煮る。みそを溶いて火を少し強め、煮立つ直前に火を止める。

❗味のある具を加えるので、みその量を減らします。

## あさりのうまみでだしいらず
### あさりのみそ汁

TIME
10分
※砂出しの時間は除く

**材料2人分**

あさり(砂出しし、殻をこすり
　合わせて洗う)…… 150〜200g
水 …………… 2カップ(400ml)
みそ ………………… 大さじ1・1/2
万能ねぎ(小口切り)………… 適量

**作り方**

片手鍋に水、あさりを入れて中火にかける。煮立ったらアクを取り、あさりの殻が開いたらみそを溶き、火を少し強めて煮立つ直前に火を止める。器に盛り、万能ねぎを散らす。

❗だしを使わず、あさりのだしを生かして水から煮ます。あさりの砂出しはP.187。

# 鶏ときのこの炊き込みごはん

シンプルに炊き、具材のうまみと風味を引き出す

## \ 料理のコツ /

**1** 米は水をきりながら吸水させふっくら炊き上げる

**2** 鶏肉に下味をつければ味がぼやけず、うまみアップ！

**3** 水加減は調味量を入れてから水を注げばカンタン！

TIME **90分**

### 材料（作りやすい分量）

| | |
|---|---|
| 米 | 2合 (360ml) |
| 鶏もも肉 | 小1枚 (200g) |
| A しょうゆ | 小さじ1 |
| 　 酒 | 小さじ1 |
| ごぼう | 1/4本 (40g) |
| にんじん | 1/3本 (50g) |
| しめじ | 1パック (100g) |
| B しょうゆ | 大さじ1・1/2 |
| 　 酒 | 大さじ1・1/2 |
| 　 みりん | 大さじ1・1/2 |
| 　 塩 | 小さじ1/3 |
| 水 | 適量 |

| 下準備 | 作り方 |
|---|---|

## 下準備

### 米
炊く30分前に洗い(→P.118)、ざるに上げておく。

❶ 調味料を入れてから水を加えるので、計量しやすくするためにざるに上げ、30分水をきりながら米の表面についている水を吸わせます。

### 鶏肉
1. ペーパータオルで水気をふき、余分な皮、皮と肉の間にある白い脂肪を取り(→P.186)、2cm角ほどに切る。
2. ボウルに入れてAを加えてもみ込む。

❶ 下味をつけることでおいしさが格段にアップ！

### ごぼう
皮を軽くこそげてささがきにする(→P.183)。5分ほど水にさらしてアク抜きし、水気をきる。

### にんじん
皮をむき、3cm長さの細切りにする。

### しめじ
石づきを切り落とし、小房に分ける。

## 作り方

### 1　調味料と水を入れる
炊飯器の内釜に米、Bを入れ、すぐに水を2合の目盛りまで注いでさっと混ぜる。

❶「調味料＋水」で2合の目盛りになるように、調味料を先に入れて水で調節します(下記「料理上手のワザ」参照)。

### 2　炊く
鶏肉、残りの具材をまんべんなく広げてのせ、炊飯器のスイッチを押す。

### 3　蒸らす
炊き上がったら10分ほど蒸らし、ぬらしたしゃもじでさっくりと混ぜる。

❶ 炊飯器の炊飯時間に蒸らし時間が含まれている場合は、そのまま混ぜます。

---

**必修！ 料理上手のワザ**

**炊き込みごはんの水加減のコツ**

調味料にしょうゆや酒、みりんなど液体のものを使う場合は、「調味料＋水」で水加減を調節します。先に水を入れてしまうと、調味料の分量分オーバーしてしまうので、調味料を入れてから水を目盛りまで注ぎましょう。ただし、調味料を入れたあと時間をおくと、かかった部分の米が調味料を吸って味にムラができやすいため、すぐに水を注いで混ぜること。

ごはん・汁物

127

# オムライス

コクのあるケチャップライスとふんわり卵の人気メニュー

## \ 料理のコツ /

**1** 卵液は卵の裏ごしと牛乳で仕上がりしっとり

**2** ケチャップを煮立たせてまろやかな味わいに

**3** 卵が半熟のうちに手早く包む！

TIME 35分

【 KITCHEN TOOL 】
 26cm　 20cm

## 材料2人分

| | |
|---|---|
| 鶏むね肉 | 小1/2枚（120g） |
| 塩、こしょう | 各少々 |
| 玉ねぎ | 1/4個（50g） |
| マッシュルーム缶（スライス） | 1/2缶（正味約40g） |
| ごはん（温かいもの） | 300g |
| 卵 | 4個 |
| A[ 牛乳 | 大さじ1 |
| 　塩、こしょう | 各少々 |
| サラダ油 | 大さじ1/2 |
| 白ワイン（なければ酒） | 大さじ1 |
| B[ トマトケチャップ | 大さじ4 |
| 　塩 | 小さじ1/4 |
| 　こしょう | 少々 |
| バター | 20g |
| トマトケチャップ | 適量 |

**付け合わせ**

パセリ　適量

| 下準備 | 作り方 |
|---|---|

## 下準備

**鶏肉**
ペーパータオルで水気をふいて1〜1.5cm角に切り、塩、こしょうをふる。

**玉ねぎ**
粗みじん切りにする。

**マッシュルーム缶**
ざるに上げて缶汁をきる。

**卵**
1つずつボウルに溶きほぐしてそれぞれざるでこし、Aを半量ずつ混ぜ合わせ、卵液を作る。

❗ ざるでこしてキメ細かに。さらに牛乳を加えることで、しっとり仕上がります。

## 作り方

**1 具を炒める**
フライパン26cmにサラダ油を中火で熱し、鶏肉を炒める。肉の色が変わったら玉ねぎを加えて炒め、玉ねぎがしんなりとしたらマッシュルーム、白ワインを加えて炒める。

**2**
水分が飛んだらBを加え、煮立たせながらケチャップの赤い色が深いオレンジ色になるまで1分ほど炒め合わせる。

❗ ケチャップの酸味が飛び、コクがアップ。Bの塩、こしょうで味の骨格を作り、お店のような味わいに。

**3 ごはんを炒める**
ごはんを加えてほぐしながら炒め合わせ、火を止める。1/2量をボウルに移して端に寄せ、形を木の葉形に整える。

❗ おおよそ形を作っておくと包む作業がスムーズに。

**4 卵を焼く**
フライパン20cmにバター10gを中火で熱し、フライパンを回しながらバターをフチまで行き渡らせ、卵液の半量を流し入れる。大きく混ぜて卵のまわりがかたまり半熟になったら火を止める。

**5 包む**
3のケチャップライスを卵の中央にのせ、フライパンのフチに卵ごと寄せる。卵の両端をヘラで持ち上げてフチで形を整えるように包む。

❗ 半熟のうちに包むことで卵とごはんが一体に。

**6 盛りつける**
フライパンを持ち手を立てるようにして持ち、皿にオムライスを返して盛りつける。ペーパータオルをかぶせて形を整え、ケチャップをかけてパセリを添える。もう1つも同様に作る。

❗ 皿とフライパンをV字になるように近づけて。

# チャーハン

卵はふんわり、米はパラリと口当たりも軽い本格的な味

## \ 料理のコツ /

**1** 半熟卵を一度取り出して
ふんわり感をキープ

**2** 温かいごはんを使って
手早くほぐす

**3** パラパラの極意は
水分を飛ばしながら炒める

### TIME

15分

### 【 KITCHEN TOOL 】
26cm

### 材料2人分

| | |
|---|---|
| ごはん（温かいもの） | 400g |
| ハム | 4枚 |
| 長ねぎ | 1/2本（40g） |
| 卵 | 2個 |
| サラダ油 | 大さじ1 |
| 酒 | 大さじ1 |
| 塩 | 小さじ1/2 |
| こしょう | 少々 |
| しょうゆ | 大さじ1/2 |

| 下準備 | 作り方 |
|---|---|

## 下準備

**ハム**
5〜6mm角に切る。

**長ねぎ**
粗みじん切りにする。

**卵**
1. 卵を小さな器に割り入れて「カラザ」(→P.188)を取り、ボウルに移す。
   - 1つずつ殻や血などが混じっていないかチェック。
2. 菜箸の先をボウルの底につけ、前後に動かしながら白身を切るようにしてほぐす。
   - 泡立てるのではなく、切るように混ぜると食感アップに。

## 作り方

### 1 卵を炒める
フライパンにサラダ油大さじ1/2を強めの中火で熱し、溶き卵を流し入れる。木ベラで大きく混ぜながら加熱し、半熟状になったら一度取り出す。

### 2 具とごはんを炒める
フライパンにサラダ油大さじ1/2を足して中火で熱し、ねぎ、ハムをさっと炒めてごはんを加え、ほぐすように手早く混ぜながら炒め合わせる。
- ごはん粒を潰さないように切るように炒めて。

### 3
ごはんがパラパラとしてきたら酒をふり、手早く混ぜてさらに炒める。
- 酒のアルコール分が蒸発する際に余分な水分も一緒に飛ぶため、よりパラパラに。

### 4 味つけする
1の卵を戻し入れてさっと炒め合わせ、塩、こしょうを加えて混ぜる。

### 5 仕上げる
鍋肌からしょうゆを回し入れ、全体が混ざるようにさっと炒める。器に盛り、好みでこしょうをふる（分量外）。
- しょうゆを鍋肌から加え、香ばしい風味を立たせます。

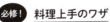

**必修！ 料理上手のワザ**

**パラパラに仕上げるコツ**
中華料理屋のように強火で鍋をあおるのが理想的ですが、難しい場合はおいたままでもOK。中火のまま、ごはんが潰れないよう切るように混ぜ、水分をしっかり飛ばして炒めれば、パラパラに仕上がります。

# 牛丼

男子も大好き！カンタンなのに大満足の定番丼もの

## \ 料理のコツ /

1. 玉ねぎを先に煮ることで味のしみ込み度アップ！
2. 牛肉は「さっと煮」でやわらかく仕上げる

TIME  15分

【 KITCHEN TOOL 】  26cm

## 材料2人分

| | |
|---|---|
| 牛切り落とし肉 | 200g |
| 玉ねぎ | 1/2個 (100g) |
| しょうが | 1/2かけ |
| ごはん（温かいもの） | 丼2杯分 |
| A 水 | 1・1/2カップ (300ml) |
| しょうゆ | 大さじ3 |
| 酒 | 大さじ2 |
| みりん | 大さじ2 |
| 砂糖 | 大さじ1 |

### 付け合わせ

| | |
|---|---|
| 温泉卵 | 2個 |
| 紅しょうが | 適量 |

| 下準備 | 作り方 |
|---|---|
| **牛肉**<br>大きいものは食べやすく切る。<br>**玉ねぎ**<br>皮をむき、1cm幅のくし形切りにする。<br>**しょうが**<br>皮をむき、千切りにする。<br> | <br>**1 玉ねぎを煮る**<br>フライパンに**A**を混ぜ合わせ、玉ねぎ、しょうがを入れて**中火**にかける。<br><br><br>**2**<br>煮立ったら**弱めの中火**にし、8分を目安に玉ねぎがしんなりとして軽く色づくまで煮る。<br>❶ 牛肉を煮る前に玉ねぎを煮て、味をしみ込ませます。<br><br><br>**3 ごはんを盛る**<br>器に温かいごはんを盛りつける。<br>❶ 具に火が通りすぎないよう、仕上げる直前にごはんを盛りつけてスタンバイ。<br><br><br>**4 牛肉を煮る**<br>**2**を**中火**にして牛肉を広げて加え、手早くほぐす。上下を返し、肉の色が変わるまでさっと煮る。<br>❶ 肉は均等に火が入るよう、必ず1枚ずつ広げて加え、すぐにほぐしましょう。<br><br>**5 盛りつける**<br>**4**を**3**にのせて好みで煮汁を回しかけ、温泉卵をのせて紅しょうがを添える。 |

**家庭でもできる！温泉卵の作り方**
鍋に1ℓの湯を沸かし、沸騰したら水を1カップ加えて火を止めます。常温に戻した卵を入れてふたをし、30分ほどおけば完成です。

# いなり寿司

ジュワッとあふれる煮汁が酢めしと好相性！

## \ 料理のコツ /

**1** 油揚げの「油抜き」が
仕上がりの味わいを変える

**2** 汁気がなくなるまで煮詰めて
油揚げにしっかり味を含ませる

**3** 寿司酢は熱いごはんに混ぜて
味をなじませる

TIME

30分　※粗熱を取る時間を除く

【 KITCHEN TOOL 】
26cm

## 材料（10個分）

油揚げ……………………………5枚
A ┌ 水…………………1・1/2カップ（300ml）
　├ 砂糖………………………………大さじ3
　├ みりん……………………………大さじ3
　└ しょうゆ…………………………大さじ3
ごはん（温かいもの）………500g（約1.5合分）
B ┌ 酢………………………………大さじ2・1/2
　├ 砂糖………………………………大さじ1
　└ 塩………………………………小さじ1/3
白炒りごま…………………………大さじ1
**付け合わせ**
甘酢しょうが………………………………適量

| 下準備 | 作り方 |
|---|---|

## 下準備

**油揚げ**

**1.** まな板において菜箸を1本のせ、前後に転がしてほぐす。

❶ 菜箸を転がすことで中のくっついている部分がほぐれ、はがしやすくなります。

**2.** 長い辺を半分に切り、切り口から袋状に開く。

**3.** フライパンにたっぷりの湯を沸かし、油揚げを入れる。菜箸でしっかり沈めながら返し、さっとゆでて「油抜き」する。

❶ 味がしみ込みやすくなるよう油をしっかり抜きます。

**4.** ざるに上げて粗熱を取り、水気をしっかり絞る。

❶ 味がぼやけないように、しっかり水気を除いておきましょう。

**ごはん**

ややかために炊き、温かい状態で使う。

❶ 寿司酢を加えるのでややかために。

## 作り方

### 1 油揚げを煮る

フライパンに**A**を入れて混ぜ合わせ、<u>中火</u>にかける。煮立ったら油揚げを並べ入れ、上下を返して煮汁を絡める。落としぶたをして<u>弱めの中火</u>にし、汁気がほぼなくなるまで6〜7分煮る。

### 2

1をバットなどに取り出して広げ、冷ましておく。

### 3 酢めしを作る

**B**を混ぜ合わせて温かいごはんに回し入れ、切るように混ぜる。

❶ ごはんが冷めると寿司酢を吸いづらくなりベタつきの原因に。ごはんが熱いうちに混ぜて寿司酢をしっかりと吸わせます。

### 4

全体に混ざったら白炒りごまを加える。うちわであおぎ、<u>軽く粗熱を取りながら</u>混ぜ、つやよく仕上げる。

❶ うちわであおぐのはこのタイミング。寿司酢を吸ったごはんの粗熱を取ることで、つやが出ておいしく仕上がります。

### 5 成形する

4を10等分にし、手を水でぬらして詰めやすいよう俵形に軽くまとめる。

### 6 詰める

2の汁気を軽く絞って口を広げ、5を詰める。口をたたんで閉じ口を下にして器に盛り、甘酢しょうがを添える。

❶ 軽く汁気を残すとジュワッとしておいしさアップ！ただし、絞りが足りないとしょっぱく感じるので加減しましょう。

# フライパンパエリア

実はカンタン！ 魚介のうまみが詰まった華やかな一品

## \ 料理のコツ /

**1** あさりは別に蒸し、最後に加えてふっくら！

**2** あさりの蒸し汁を使った濃厚スープで絶品に

**3** 米は洗わずに炒めてうまみを吸わせる

### 材料3～4人分

| | |
|---|---|
| あさり | 300g |
| えび（殻つき） | 8尾(160g) |
| 赤パプリカ | 1/2個（正味60g） |
| トマト | 1個(150g) |
| 玉ねぎ | 1/2個(100g) |
| にんにく | 2かけ |
| パセリ | 適量 |
| 米 | 2カップ(400ml) |
| 白ワイン | 大さじ2 |

A
- 水＋あさりの蒸し汁 480ml（米の1.2倍量）
- 洋風スープの素 大さじ1/2
- 塩 小さじ1/2
- こしょう 少々

オリーブオイル 大さじ1

**付け合わせ**
レモン 適量

**TIME** 50分 ※砂出しの時間は除く

【 KITCHEN TOOL 】 26cm

| 下準備 | 作り方 |
|---|---|

## 下準備

**あさり**
1. バットに入れて塩水（分量外）をひたひたに注ぎ、アルミホイルをかぶせて暗くて静かな場所に1時間ほどおく（→P.187）。

2. ボウルに水を溜めてあさりを入れ、流水にあてながら殻と殻をこすり合わせて汚れを洗い、水気をきる。

**赤パプリカ**
種とヘタを取り、2cm角に切る。

**トマト**
ヘタを取り、1cm角に切る。

**玉ねぎ　にんにく**
皮をむき、みじん切りにする。

**パセリ**
粗みじん切りにする。

**えび**
ペーパータオルで水気をふき、殻つきのまま殻の間に竹串を刺し、背ワタを取る。

**付け合わせ**
●レモン
くし形切りにする。

## 作り方

**1 あさりを蒸す**
耐熱ボウルにあさりを入れ、白ワインをふる。ふんわりとラップをかけ、電子レンジ（600W）で3分を目安に、あさりの殻が開くまで加熱し、あさりと蒸し汁（**A**に使用する）に分けておく。

**2 スープを作る**
計量カップにあさりの蒸し汁を入れ480mlまで水を注ぎ、残りの**A**を混ぜる。

❗ 鍋で米を炊く場合の水分量は米の1.2倍が基本。ただし、フライパンでは水分が飛びやすいので通常は多めにしますが、ここではトマトの水分を考慮して1.2倍量のままに。

**3 炒める**
フライパンにオリーブオイル、にんにくを入れて中火で熱し、香りが立ったら玉ねぎを加え、しんなりとするまで3分ほど炒める。

**4**
米を洗わずに加え、米が透き通るまで炒める。

❗ 米にスープをよく吸わせるため、洗わずに使用。炒めて油でコーティングすることで、米のでんぷん質が流れ出にくくなり、パラリと仕上がります。

**5 炊く**
トマト、**2**のスープを加えてひと混ぜし、煮立ったら赤パプリカ、えびをのせる。ふたをして弱火にし、20〜25分水分がなくなるまで炊く。

**6 蒸らす**
あさりを加えて火を止め、ふたをして10分ほど蒸らす。レモンを添えてパセリをふる。

❗ あさりは加熱しすぎると身が縮んでしまうので、加熱したものを最後に加えます。

# ミックスサンド

なじませ時間が絶妙な食感と味のハーモニーを生む

\ 料理のコツ /

**1** 水分は大敵！
具材の水気はしっかり除く

**2** パンの内側に塗る
辛子バターがおいしさのカギ

**3** はさんで押さえて
パンと具をなじませる

TIME
25分

### 材料2〜3人分

サンドイッチ用食パン……12枚
A [ バター………………大さじ2
    練り辛子……………小さじ1 ]

**ツナサラダの具**
レタス……………………2〜3枚
ツナ缶………………小1缶(70g)
B [ マヨネーズ
      ………………大さじ1・1/2
    塩、こしょう…………各少々 ]

**卵サラダの具**
ゆで卵………………………2個
C [ マヨネーズ
      ………………大さじ1・1/2
    塩、こしょう…………各少々 ]

**ハムチーズの具**
ハム…………………………4枚
スライスチーズ………………2枚
サラダ菜……………………6枚

| 下準備 | 作り方 |
|---|---|

## 下準備

**材料A**
混ぜ合わせ、辛子バターを作る。
- ❗ バターを室温に戻すとなめらかになり、パンに塗りやすくなります。

**レタス**
食パンのサイズに合わせて手でちぎる。ペーパータオルで水気をふき、手のひらにはさんでパンッとたたいて平らにする。
- ❗ 平らにするとほかの具材となじみやすくなります。

**サラダ菜**
ペーパータオルで水気をふく。

**ツナ缶**
ざるに上げて汁気をしっかりときり、Bを混ぜ合わせてツナマヨを作る。
- ❗ ベチャつかないように水分をしっかりきることが大切。

**ゆで卵**
粗く刻み、Cを混ぜ合わせて卵サラダを作る。

卵サラダ　ツナマヨ

## 作り方

### 1 辛子バターを塗る

サンドイッチ用食パンを2枚1組にし、内側になる面にAを塗る。卵サラダをはさむパン2組には塗らなくてもOK。
- ❗ おいしさアップのポイント。バターの油分は、具材の水分のしみ込みを防ぎ、パンと具材をくっつけてなじませる役割も。

### 2 具をはさむ

ツナサラダの具、卵サラダの具、ハムチーズの具（ハム2枚、チーズ1枚、サラダ菜3枚が1組）を写真のようにのせ、パン2組ずつにはさむ。

### 3 なじませる

具が異なる3組を重ね、ラップに包んでバットなどの重しをのせる。残りも同様にして10分ほどおいてなじませる。
- ❗ 押さえてなじませることで切りやすく、食べやすくなります。

### 4 切る

重ねたまま、包丁をゆっくりと手前に引いて食べやすい大きさに切る。
- ❗ 1回切るごとに包丁の刃をきれいにふくときれいな断面に！

---

**必修！ 料理上手のワザ**

### パンと具材をなじませる方法

パンと具材をなじませる方法は下記の3つが基本。はさむ具材や仕上げ方によって使い分けましょう。

**少しおく**
葉物と肉など、なじみにくい具材を組み合わせる場合は、ラップできゅっと包んでなじませます。

**手の平で押さえる**
ポテトサラダなどなじみやすい具材や、たくさんの具材を潰すようにはさみたい場合は、適度にぎゅっと押さえて好みの加減に。

**重しをのせる**
なじみにくい具材や、今回の具のように均等に平らに仕上げたい場合など。重しをのせることでよりなじみ、平らに仕上がります。

ごはん・汁物

# トマトソーススパゲッティ

深みのある絶品ソースがしっかり絡むパスタの基本！

\ 料理のコツ /

**1** 「たっぷりの湯と1%の塩」が
スパゲッティをゆでる基本

**2** ソースを煮詰めて
お店のようなコクを出す

**3** ゆで汁をソースに加え
濃度を調節！

### 材料2人分

| | |
|---|---|
| スパゲッティ | 160g |
| 玉ねぎ | 1/4個(50g) |
| にんにく | 2かけ |
| ホールトマト水煮缶 | 1缶(400g) |
| オリーブオイル | 大さじ2 |
| 塩 | 適量 |
| こしょう | 少々 |
| バジル | 適量 |

TIME  15分

【 KITCHEN TOOL 】  20cm　26cm

| 下準備 | 作り方 |
|---|---|

### 下準備

**玉ねぎ** **にんにく**
皮をむき、みじん切りにする。

**ホールトマト水煮缶**
ボウルに入れ、手で粗く潰す。

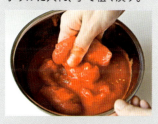

### 作り方

**1 スパゲッティをゆでる**

両手鍋にたっぷりの湯を沸かし、塩（湯2ℓなら塩大さじ1強）を入れる。

❶ 湯の量はスパゲッティの10倍以上（160gなら1.6ℓ以上）、塩は湯の1%が目安。塩はスパゲッティに味をつけ、コシを出す役割があるので重要！

**2**

スパゲッティを入れて手早く湯に沈め、再び沸騰したら<u>フツフツする程度の火加減</u>にし、袋の表示時間通りにゆでる。

❶ スパゲッティがくっつかないように再沸騰するまでときどき混ぜて。ゆで上がりは食べて確認。ゆで汁の一部はソースに使います。

**3 ソースを作る**

フライパンにオリーブオイル、にんにくを入れて中火で熱し、香りが立ったら玉ねぎを炒める。<u>しんなりとしたら</u>ホールトマトを加え、5〜6分を目安にときどき混ぜながら煮詰める。

**4**

ソースが半量程度に煮詰まったら、塩小さじ1/4、こしょう、好みでオリーブオイル適量（分量外）を加えて味を調える。

❶ 煮詰めることでトマトの酸味が飛び、うまみと甘みが増します。

**5 スパゲッティを絡める**

ゆで汁大さじ2を加え、湯をきったスパゲッティをさっと絡める。

❶ ゆで汁はソースとスパゲッティを絡みやすくしたり、ソースの濃度を調整する役割。塩分が強いので味見しながら加えます。

**6 盛りつける**

器に盛りつけてソースをかけ、バジルを添える。

❶ トングで数回に分けて盛るとお店のような仕上がりに。

# カルボナーラ

ベーコンのうまみが詰まったクリーミーな濃厚ソースがたまらない！

\ 料理のコツ /

1. 炒めたベーコンに水分を加えてうまみを出す
2. スパゲッティをゆでたら仕上げまでは手早く
3. ソースは火を通しすぎず半熟がベスト！

### 材料2人分

| | |
|---|---|
| スパゲッティ | 160g |
| ベーコン | 3枚 |
| A 卵黄 | 2個分 |
| 　 生クリーム | 1/3カップ |
| 　 粉チーズ | 大さじ4 |
| 塩 | 適量 |
| 水 | 大さじ2 |
| 粗びき黒こしょう | 適量 |

TIME  10分

【 KITCHEN TOOL 】
 20cm　 26cm

| 下準備 | 作り方 |
|---|---|

## 下準備

**ベーコン**
1cm幅に切る。

**材料A**
混ぜ合わせておく。

＊ソースがかたまりやすいので、盛りつける器は事前に用意しておきましょう。

## 作り方

### 1 スパゲッティをゆでる
両手鍋にたっぷりの湯を沸かし、塩（湯2ℓなら塩大さじ1強）を入れる。

❶ 湯の量はスパゲッティの10倍以上（160gなら1.6ℓ以上）、塩は湯の1％が目安。塩はスパゲッティに味をつけ、コシを出す役割があるので重要！

### 2
スパゲッティを入れて手早く湯に沈め、再び沸騰したら**フツフツする程度の火加減**にし、袋の表示時間通りにゆでる。

❶ スパゲッティがくっつかないように再沸騰するまでときどき混ぜて。ゆで上がりは食べて確認。ゆで汁の一部はソースに使います。

### 3 ベーコンを炒める
ゆで時間が残り4分ほどになったら、フライパンにベーコンを入れて**弱火**にかけ、こんがりとするまで炒める。

❶ スパゲッティのゆで上がりに合わせてスタート。

### 4
3に水、ゆで汁大さじ2を加え、スパゲッティがゆで上がるまで**火を止めて**おく。

❶ 水分にベーコンのうまみを出してコクがアップ。スパゲッティに絡まるよう、水分が残った状態で火を止めます。

### 5 スパゲッティを入れる
スパゲッティがゆで上がったら湯をきって4に加え、さっと絡める。

❶ ここからはスパゲッティがのびないよう手早く！

### 6 ソースを絡める
再び火をつけて**弱火**にし、Aを加えて卵黄が半熟になるまで、10秒ほど手早く混ぜながら火を通す。器に盛りつけて粗びき黒こしょうをふる。

❶ 火が入りすぎるとぼそぼそになるので注意。

# ミネストローネ

野菜がたくさん食べられる彩り豊かなスープ

## \ 料理のコツ /

**1** 具材の大きさをそろえて食べやすく！

**2** トマトの酸味を飛ばしてうまみを感じる味わいに！

TIME 20分

【 KITCHEN TOOL 】16cm

## 材料2人分

| 玉ねぎ | 1/4個(50g) |
| じゃがいも | 1個(150g) |
| にんじん | 1/5本(30g) |
| セロリ | 1/3本(約30g) |
| トマト | 小2個(200g) |
| にんにく | 1かけ |
| ベーコン | 2枚 |
| パセリ | 適量 |
| ミックスビーンズ | 1パック(50g) |
| オリーブオイル | 大さじ1/2 |

A
- 水 3カップ(600ml)
- 洋風スープの素 小さじ1
- 塩 小さじ1/4
- こしょう 少々
- ローリエ 1枚

| 下準備 | 作り方 |
|---|---|

### 下準備

**玉ねぎ**
皮をむき、1cm角に切る。

**じゃがいも**
皮をむき、1cm角に切る。

**にんじん**
皮をむき、1cm角に切る。

**セロリ**
筋を取り、1cm角に切る。

**トマト**
ヘタを取り、1cm角に切る。

**にんにく**
皮をむきみじん切りにする。

**ベーコン**
1cm角に切る。

**パセリ**
みじん切りにする。

### 作り方

**1 具を炒める**
片手鍋にオリーブオイル、にんにくを入れて中火で熱し、香りが立ったら玉ねぎ、じゃがいも、にんじん、セロリを加え、玉ねぎがしんなりとするまで2分ほど炒める。

**2**
ベーコン、ミックスビーンズ、トマトを加え、トマトが薄いオレンジ色に変わるまで炒める。

❗ 具材は火の通りにくいものから順番に。トマトは色が変わるまで炒めて酸味を飛ばすと、味に深みが出ます。

**3 煮る**
Aを加えて再び煮立ったらふたをし、弱火にしてじゃがいもがやわらかくなるまで7分ほど煮る。器に盛り、パセリをふる。

❗ ローリエで香りをつけると本格的な味に！

#### ミネストローネの基本
ミネストローネはイタリアの代表的なスープで、具だくさんなのが特徴です。玉ねぎやセロリ、じゃがいも、にんじんなどの常備野菜で作れて、味のベースになるトマトは、トマトピューレやホールトマト水煮缶でもOK。家庭によってさまざまな具材を使い、米やパスタを加えることも。ここではミックスビーンズを入れてボリュームある仕上がりに。

ごはん・汁物

# かき玉汁

ふわふわ卵ととろみがじんわりしみ入るやさしい味

## \ 料理のコツ /

**1** 「おいしいとろみ」を作るのは
正しい火加減

**2** 卵は細くまんべんなく
流し入れるとふんわり食感に

**3** ふわっと卵が浮くまで
混ぜない触らない！

### 材料2人分

| | |
|---|---|
| 卵 | 1個 |
| 万能ねぎ | 適量 |
| だし | 2カップ（400ml） |
| A 塩 | 小さじ1/4 |
| A しょうゆ | 小さじ1/2 |

**水溶き片栗粉**

| | |
|---|---|
| 片栗粉 | 小さじ1 |
| 水 | 小さじ2 |

TIME  10分

【 KITCHEN TOOL 】  16cm

| 下準備 | 作り方 |
|---|---|
| **卵**<br>ボウルに割り入れて泡立てないよう、切るように溶きほぐす。<br><br>**万能ねぎ**<br>小口切りにする。<br>**水溶き片栗粉**<br>混ぜ合わせておく。<br>❶片栗粉1:水2の割合が基本。分離しやすいので、加える直前にもう一度混ぜます。<br> | **1 だしを作る**<br>片手鍋にだし、**A**を入れて混ぜ合わせ、中火にかける。<br><br>**2 とろみをつける**<br>煮立ったら弱火にし、水溶き片栗粉を再度混ぜてから回し入れる。<br>❶煮立っているところに加えるとダマになるので、必ず火を弱めること！<br><br>**3**<br>火をやや強めて軽く煮立たせ、手早く混ぜてとろみをつける。<br>❶濃度が偏らず、安定した「おいしいとろみ」にするには全体を混ぜ、再度しっかり煮立たせることが大切。<br><br>**4 卵を加える**<br>フツフツと煮立っているところに、溶き卵を菜箸に伝わらせながら細く回し入れる。<br>❶卵は偏らないように、菜箸で細く全体に加えてやわらかな食感に。穴あきお玉を使っても。<br><br>**5 仕上げる**<br>卵がふわっと浮いたらすぐに火を止め、さっと混ぜる。器に盛りつけ、万能ねぎをふる。<br>❶卵がかたまらないうちに触ると汁が濁るので、すぐに混ぜないこと。浮いてきたら余熱で火を通してふんわり仕上げます。 |

ごはん・汁物

COLUMN

# 食材の保存方法 冷凍・解凍編

食材の長期保存に欠かせない冷凍保存の基本を伝授。
解凍のコツも合わせて学び、毎日の調理に役立てましょう！

## 野菜

### 水分をふいてから冷凍

野菜は水分をふき取ってから冷凍保存するのが基本。ただし、ほうれん草などのアクの強い葉物、かぼちゃなどのかたい野菜は下ゆでしてから保存袋に入れて冷凍を。

**アクの強いもの、かたいものは下ゆでを**

ほうれん草はたっぷりのお湯でかたゆでし、冷水に取って水気をしっかり絞ります。

食べやすいサイズに切ってから1回に使う分量に小分けし、保存袋に入れて冷凍すると使いやすい。

### きのこや小松菜は生で冷凍するのがおすすめ！

きのこは石づきを取り、小松菜は食べやすいサイズに切り、生のまま保存袋に入れて冷凍。使うときは凍ったまま調理に活用します。

---

### 解凍のPOINT

☑ **解凍は自然解凍がイチバン！**

解凍するときは、冷蔵庫に移してゆっくり自然解凍するのがおすすめ。特に肉や魚は細菌が繁殖する恐れがあるため、室温での自然解凍は避けるように。

時間がないときはレンジ解凍でもOK

☑ **一度解凍したら再冷凍はNG！**

食材の味や鮮度が落ちるだけではなく、一度解凍したことによって細菌が繁殖している恐れがあるため、再冷凍することはNG。調理に使う分だけを解凍して使い切りましょう！

---

## 肉・魚

### パックから出し、ラップに包んで密閉

新鮮なうちにパックから出して余分な水気をペーパータオルでふき取ります。なるべく空気に触れないようにラップに包んで保存袋で密閉して冷凍保存するのが基本。

**魚**

臭みのもとになる余分な水気を、ペーパータオルで軽く押さえるようにふき取ります。

食べる分だけを解凍できるように一切れずつラップに包み、保存袋に入れ密閉して冷凍。

**肉**

**薄切り肉**
軽く水気をふき、1回に使う分量に小分けし、ラップに包んでから保存袋に入れ密閉して冷凍。

**かたまり肉**
軽く水気をふき取り、鶏肉なら1つずつラップに包み、保存袋に入れ密閉して冷凍。

**ひき肉**
1回に使う分量に小分けし、ラップに包んで保存袋に入れ密閉し冷凍。平らにすると解凍がラク。

## PART5

メイン・サブを組み合わせて!

# おいしい食卓を作る「献立1週間」

料理1品でもおいしい食事になりますが、
作れる料理が増えてきたら、メニューを組み合わせ、
献立作りにチャレンジしてみましょう。
まずはここで紹介する1週間分のレシピの再現から。
数品一緒に作っていくと、段取りも自然に身につきますよ。
おいしく楽しい食卓を目指しましょう。

# 献立の組み立て方の基本

メインのおかずに合わせる副菜の選び方や味つけのコツを伝授！
おいしくて、栄養バランスのよい献立の基本を覚えましょう。

**カンタン！悩まない！**
## 3つのポイント

栄養が偏らず、毎日飽きない献立にするにはどうすればいいの？と悩んでしまう人も多いはず。でも、「色」「食感」「味」の3つを意識して考えれば、カンタンに献立を組み立てることができます。以下のSTEP1〜3に沿って、順に考えていきましょう。自然に栄養バランスの取れた、満足感の得られる献立が完成します。

**色**　食材の色のベースは、「赤・黄・白・緑・茶」の5色。この5色がメインとサブにまんべんなく取り入れられていると、彩りはもちろん、栄養バランスのよい食卓に。

**食感**　シャキシャキ、サクサク、ふわふわなど、いろいろな食感のおかずが食卓に並ぶと、箸がリズムよく進みます。メインとサブで食感の異なる献立作りを意識しましょう。

**味**　食べ飽きずにおいしくいただくには、味つけに変化を。甘み・塩味・酸味・辛みをベースに、いろいろな味つけのおかずを楽しめるように組み合わせを考えます。

## メインのおかずを決める

### 食べたいおかずを考える

「今日は絶対コレ！」と決まっていない場合は、食べたいおかずを思い浮かべて。もしくは、魚類、肉類など食べたいメイン食材を選び、揚げ物や焼き物、ごはん物にするかなど、どんな調理法にするかを考えましょう。

### 「昨日と違うもの」を意識する

肉類、魚介類を交互にしたり、メイン食材の種類を変えるとマンネリが解消。「昨日はハンバーグだったから、今日は焼き魚にしよう」といったように、ローテーションするよう考えると、飽きのこない献立を立てられます。

魚料理

ごはん物

肉料理

## STEP2
## サブのおかずの食材を決める

**メインと重ならない色と食感を意識する**

右の献立例のように、メインのおかずの食材の色が「茶・黄・緑・赤」なら、サブのおかずには「白」の食材を取り入れるなど、食材の色のベースとなる5色をメイン＋サブでそろえると、栄養バランスのよい食卓に。また、メインがサクサク食感なら、サブはしっとり、シャキシャキ食感のものを選んで変化をつけると、箸がリズムよく進みます。

メイン
色 茶＋黄＋緑＋赤
食感 サクサク＆ジューシー

サブ1
色 白
食感 しっとり＆シャキシャキ

サブ2
色 白＋緑
食感 ポリポリ

献立1週間

### 色を意識すると栄養バランスも◎

**赤**
トマト、にんじん、赤パプリカ、紫キャベツ、えび、鮭、たらこ、梅干しなど。

**黄**
かぼちゃ、とうもろこし、ヤングコーン、黄パプリカ、さつまいも、卵、チーズなど。

**白**
大根、白菜、じゃがいも、れんこん、白身魚、いか、豆腐、はんぺんなど。

**緑**
キャベツ、レタス、ほうれん草、ちんげん菜、きゅうり、ピーマンなど。

**茶**
しめじ、しいたけ、エリンギ、まいたけなどのきのこ類、ごぼう、肉類、油揚げなど。

### 食感を意識して調理法を考える

| | |
|---|---|
| シャキシャキ | サラダ、マリネ、さっと煮など生の食感を生かして |
| しっとり | 豆腐や練り物などをシンプルに |
| ほくほく | 根菜やいも類を蒸したりゆでて |
| とろとろ | 卵、チーズなどをほどよく加熱 |
| こりこり | 浅漬け、ピクルスなど、大きめに切って漬け込んで |

# サブのおかずの味つけを決める

## メインと味を変えてメリハリのある献立に

サブおかずの味つけは、メインと重ならないように一品ごとに味つけを変えましょう。例えば、メインのおかずがしょうゆ系なら、サブはみそ系や塩系などにするのがおすすめ。とはいえ、あまりにもかけ離れたテイストの組み合わせでは味がちぐはぐで、バランスが悪くなります。献立ビギナーは、まずは和風、洋風、中華風などテイストをそろえると、全体的に調和の取れた献立になります。

## 意識したい味の種類

**甘み** 砂糖、みりん、はちみつなど糖分を含む調味料を加え、甘さを感じさせる味つけ。

**塩味** 塩、しょうゆなど塩分を含む調味料を加え、塩気を感じさせる味つけ。

**酸味** 酢などの調味料、レモンなどの柑橘系、梅肉などを加え、酸っぱさを感じさせる味つけ。

**辛み** 赤唐辛子、豆板醤、カレー粉などの香辛料などを加え、辛さを感じさせる味つけ。

## 調味料をベースに考えればカンタン！

一番量の多い調味料でおかずの味つけを判断し、味に変化のある献立を作りましょう。

# 1週間の献立バランスノート

3つのポイントを意識しながら、STEP1から考えていくとカンタンに献立が決まるノートです。
品数増やさなきゃ！なんて気負わず、気楽に組み合わせてみましょう。

| | **STEP1** メインのおかずを決める | **STEP2** サブのおかずの食材を決める | **STEP3** サブのおかずの味つけを決める |
|---|---|---|---|
| **月 MON** | 「ぶりの照り焼き」<br>ぶり、ねぎ<br>茶 白<br>食感 しっとり<br>味 甘いしょうゆ味 | サブ①：大根、かにかま 白 赤<br>食感 シャキシャキ<br>サブ②：小松菜、コーン 緑 黄<br>食感 シャキシャキ | サブ①：「大根とかにかまの和風サラダ」<br>味 しょうゆビネガー味<br>サブ②：「青菜とコーンのバターみそ汁」<br>味 みそ味 |
| **火 TUE** | 「韓国風肉じゃが」<br>豚肉、じゃがいも<br>茶 白<br>食感 ほくほく<br>味 甘辛みそ味 | 食材①：レタス 色：緑<br>食感 シャキシャキ<br>食材②：わかめ、春雨 緑 白<br>食感 つるつる | サブ①：「レタスとのりのうま塩和え」<br>味 ビネガー味<br>サブ②：「わかめ春雨スープ」<br>味 しょうゆ味 |
| **水 WED** | 「親子丼」<br>鶏肉、卵<br>茶 黄<br>食感 とろとろ<br>味 甘いしょうゆ味 | サブ：白菜、しいたけ 白 茶<br>食感 シャキシャキ | サブ：「白菜としいたけのごまみそ汁」<br>味 みそ味 |
| **木 THU** | 「マーボーなす」<br>なす、豚ひき肉<br>茶 白<br>食感 とろとろ<br>味 ピリ辛みそ味 | サブ①：ささみ、ほうれん草 茶 緑<br>食感 しっとり<br>サブ②：大根、きゅうり 白 緑<br>食感 カリカリ | サブ①：「ささみとほうれん草のねぎ塩和え」<br>味 塩味<br>サブ②：「大根ときゅうりの中華漬け」<br>味 しょうゆ味 |
| **金 FRI** | 「ツナの炊き込みカレーピラフ」<br>ツナ、にんじん、赤パプリカ、卵<br>茶 赤 黄<br>食感 しっとり<br>味 カレー味 | サブ①：えび、アボカド 赤 緑<br>食感 ねっとり<br>サブ②：トマト、玉ねぎ 赤 白<br>食感 さらっと | サブ①：「えびとアボカドのヨーグルトサラダ」<br>味 マヨネーズ味<br>サブ②：「フレッシュトマトのスープ」<br>味 トマト味 |
| **土 SAT** | 「チキン南蛮」<br>鶏肉、卵、キャベツ、トマト<br>茶 黄 緑 赤<br>食感 サクサク＆ジューシー<br>味 甘酸っぱいしょうゆ味 | サブ①：豆腐、玉ねぎ 白<br>食感 しっとり＆シャキシャキ<br>サブ②：かぶ 白 緑<br>食感 ポリポリ | サブ①：「オニスラ梅やっこ」<br>味 梅しょうゆ味<br>サブ②：「かぶのゆず浅漬け」<br>味 さっぱり塩味 |
| **日 SUN** | 「きのこの煮込みハンバーグ」<br>合いびき肉、きのこ<br>茶<br>食感 しっとり<br>味 デミグラスソース味 | サブ①：れんこん、セロリ 白 緑<br>食感 シャキシャキ<br>サブ②：かぼちゃ 黄<br>食感 ほっくり | サブ①：「れんこんとセロリのレモンマリネ」<br>味 塩レモン味<br>サブ②：「かぼちゃとくるみのサラダ」<br>味 マヨネーズ味 |

| 月 MON | # ぶりの照り焼き献立 | TIME 30分 |

こっくり味のメインにさっぱりサブおかずでメリハリを！

\ 献立のコツ /

1. ボリュームが出しづらい切り身魚をサブでカバー
2. 取り入れたい色をすべて網羅した理想的な彩り
3. 加熱料理は2つまでに抑えると、献立としての手順もラクに

[メインのおかず]
**ぶりの照り焼き**

献立1週間

[サブのおかず1]
大根とかにかまの
和風サラダ

[サブのおかず2]
青菜とコーンの
バターみそ汁

[ メインのおかず ]

# ぶりの照り焼き

26cm

◎鶏の照り焼き(P.46) 応用編
同じ照り焼きだれを使ってぶりに置き換え。
たれの絡め方、照りの出し方を参考に。

### 材料2人分

| | |
|---|---|
| ぶり(切り身) | 2切れ(200g) |
| 塩 | 少々 |
| 長ねぎ | 1本(80g) |
| A しょうゆ | 大さじ1・1/2 |
| 　酒 | 大さじ1・1/2 |
| 　みりん | 大さじ1・1/2 |
| 　砂糖 | 大さじ1/2 |
| サラダ油 | 大さじ1/2 |

### 下準備

ぶりは塩をふって10分ほどおき、出てきた水気をペーパータオルでふく。長ねぎは5cm長さに切る。Aは混ぜ合わせておく。

### 作り方

**1** フライパンにサラダ油を**弱めの中火**で熱し、トングでぶりを2切れ一緒にはさみ、皮目を下に立てて入れ（❶a）、まず皮目がこんがりとするまで2分ほど焼く。

**2** 次に盛りつけるときに表になる面を下にしておき、空いているところに長ねぎを入れる。ぶりは2～3分を目安にこんがりとしたら上下を返し、**弱火**にしてさらに3分ほど焼く。長ねぎはときどき返しながら焼き、焼き色がついたら取り出す。

**3** 余分な油をペーパータオルでふき（❶b）、Aを加えて**中火**にし、煮立たせながら煮詰める。たれがとろりとしたら器に盛りつけて長ねぎを添え、フライパンに残ったたれをかける。

## 段取り上手の
## TIME SCHEDULE

**下準備**
[ メイン ] [ サブ1&2 ]
最初にぶりに塩をふり、おいている間にほかをすませる

**調理**
[ メイン ] 焼き始める
[ サブ2 ] 煮始める
[ サブ1 ] 混ぜる

**仕上げ**
[ サブ2 ] みそを溶く
[ メイン ] たれを絡める

**盛りつける**
サラダ、照り焼き、みそ汁の順に盛りつける

❶a　フライパンでは皮部分を焼きづらいので、トングで立てて焼きつけます。こんがりと焼くことで臭みが抜け、香ばしさアップ。

❶b　余分な油をふくことでぶりの生臭みが取れ、たれが絡みやすくなります。食欲をそそる、おいしそうな照りも生まれます。

[ サブのおかず1 ]

# 大根とかにかまの和風サラダ

## 材料2人分

| | |
|---|---|
| 大根 | 5cm（200g） |
| 貝割菜 | 1/2パック |
| かに風味かまぼこ | 5本 |
| 和風しょうがドレッシング（→P.43） | 大さじ1・1/2 |
| 刻みのり | 適量 |

## 下準備

大根は縦に5cm長さの千切りにし、貝割菜は根元を切り落とし、それぞれ冷水にさらして水気をよくきる。かに風味かまぼこは粗くほぐす。

## 作り方

ボウルに大根、貝割菜、かに風味かまぼこを入れてざっくりと混ぜ（❶）、器に盛りつける。ドレッシングをかけ、刻みのりをのせる。

❶ まんべんなく混ぜると彩りがきれいに。菜箸とサーバースプーンを使うと混ぜやすいです。

---

[ サブのおかず2 ]

# 青菜とコーンのバターみそ汁

16cm

◎豆腐とわかめのみそ汁（P.124）応用編

## 材料2人分

| | |
|---|---|
| 小松菜 | 1/4束（50g） |
| ホールコーン缶 | 1/2缶（約100g） |
| だし | 2カップ（400ml） |
| みそ | 大さじ1・1/2 |
| バター | 適量 |

## 下準備

小松菜は4cm長さに切り、茎と葉に分けておく。ホールコーン缶はざるに上げて缶汁をきる。

## 作り方

**1** 片手鍋にだしを入れて中火で熱し、煮立ったら小松菜の茎、コーンを加え、さっと煮る。

**2** 小松菜の葉を加え（❶）、さっと煮てみそを溶き入れる。器に盛りつけ、バターをのせる。

❶ 小松菜はかたい茎から入れて時間差で葉を加えます。長く煮ると色が悪くなるのでさっと仕上げて。

献立1週間

\ 献立のコツ /

1 食べごたえのあるメインと軽めのサブでバランス調節

2 サブのあっさりめの塩味としょうゆ味を箸休めに

3 サブのシャキシャキ&つるつるでメインのほっくりを引き立てる

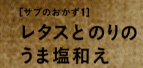

[サブのおかず1]
**レタスとのりのうま塩和え**

[サブのおかず2]
**わかめ春雨スープ**

# 韓国風肉じゃが献立

火 TUE

TIME 35分

献立1週間

ピリ辛メインにあっさりサブおかず。食感のメリハリもうれしい！

[メインのおかず]
**韓国風肉じゃが**

[ メインのおかず ]

# 韓国風肉じゃが

26cm

◎肉じゃが(P.32) 応用編
材料は少し異なりますが作り方は同じです。
味つけの手順や落としぶたの効果も参考に。

## 材料2〜3人分

| | |
|---|---|
| じゃがいも | 小3個(400g) |
| 豚バラ薄切り肉 | 150g |
| しいたけ | 3個 |
| 玉ねぎ | 1/2個(100g) |
| サラダ油 | 大さじ1/2 |
| 水 | 1・1/2カップ(300ml) |
| A[ 砂糖 | 大さじ1 |
| 酒 | 大さじ2 |
| みりん ] | 大さじ2 |
| しょうゆ | 大さじ1・1/2 |
| コチュジャン | 大さじ1 |
| 粗びき黒こしょう | 少々 |

## 下準備

じゃがいもは皮をむいて四つ割りにし、水に5分ほどさらして水気をふく。豚肉は5cm幅に切る。しいたけは軸を落として薄切りに、玉ねぎは1.5cm幅のくし形切りにする。

## 作り方

**1** フライパンにサラダ油を**中火**で熱し、豚肉を加えて炒める。肉の色が変わったら一度取り出す。

**2** 1のフライパンにじゃがいも、玉ねぎを入れ、じゃがいもの表面がやや透き通ってくるまで**中火**で炒め、しいたけを加えてさっと炒める。1の豚肉を戻し入れて水を加え、煮立ったらアクを取る。

**3** **A**を順に加え、その都度ひと混ぜし、落としぶたをして**弱めの中火**で5分ほど煮る。しょうゆ、コチュジャンを加えてざっくりと混ぜ(❶)、再び落としぶたをして**弱めの中火**で8分を目安に、煮汁が1/3量になるまで煮る。

**4** 落としぶたを取って**強めの中火**にし、ざっくりと混ぜて1〜2分煮詰める。器に盛りつけて粗びき黒こしょうをふる。

## 段取り上手の TIME SCHEDULE

**下準備**
[メイン] [サブ1&2]
わかめを戻し、食材をすべて切る

**調理**
[メイン] 炒めて煮始める
[サブ2] 煮る
[サブ1] 和える

**仕上げ**
[メイン] 煮詰める

**盛りつける**
うま塩和え、肉じゃが、スープの順に盛りつける

❶ 味つけは砂糖から。しょうゆとともにコチュジャンをあとから入れます。

[サブのおかず1]
# レタスとのりのうま塩和え

## 材料2人分

| | |
|---|---|
| レタス | 3〜4枚（150g） |
| 焼きのり | 1枚 |
| 白炒りごま | 大さじ1/2 |
| A ごま油 | 大さじ2 |
| 　酢 | 小さじ1 |
| 　塩 | 小さじ1/4 |
| 　こしょう | 少々 |
| 　にんにく（すりおろす） | 少々 |

## 下準備

レタスは手で小さめの一口大にちぎり、冷水にさらしてパリッとさせ、水気をしっかりきる。

## 作り方

**1** ボウルにAを混ぜ合わせてレタスを加え、軽くしんなりとするまで手でもむように和える（❶）。

**2** 焼きのりを小さくちぎって白炒りごまとともに加え、さっと和える。

❶ 手を使うとまんべんなく和えられます。力を入れすぎると葉を潰してしまうので、やさしく行って。

---

[サブのおかず2]
# わかめ春雨スープ  16cm

## 材料2人分

| | |
|---|---|
| 乾燥わかめ | 小さじ1 |
| 春雨 | 20g |
| 長ねぎ | 1/4本 |
| A 水 | 2・1/2カップ（500ml） |
| 　鶏ガラスープの素 | 大さじ1/2 |
| 　しょうゆ | 小さじ1 |
| 　塩 | 小さじ1/4 |
| 　こしょう | 少々 |

## 下準備

乾燥わかめはたっぷりの水に浸し、5分ほどおいて水気を絞る。長ねぎは薄い小口切りにする。

## 作り方

片手鍋にAを混ぜ合わせて中火にかけ、煮立ったら春雨を加え（❶）、やわらかくなるまで5分ほど煮る。わかめ、ねぎを加えてさっと混ぜる。

❶ 春雨は戻さずに直接スープに入れます。春雨が水分を吸うので、水の量は通常より多めにしています。

# 親子丼献立

**水 WED**

TIME 25分

とろとろ卵がたまらない和食の王道

[メインのおかず]
## 親子丼
◎牛丼(P.132) 応用編
段取りを参考に。仕上げる前に丼にごはんを用意して作り立てを配膳します。

[サブのおかず]
## 白菜としいたけのごまみそ汁
◎豆腐とわかめのみそ汁(P.124) 応用編

\ 献立のコツ /

**1** サブの白菜ときのこで栄養バランスを整える

**2** さっと煮て食感を残したサブの具をアクセントに

**3** しょうゆ味×みそ味の名コンビで箸が進む

## 段取り上手の TIME SCHEDULE

**下準備**
- [メイン] [サブ]
- 材料をすべて切り、卵をほぐす

**調理**
- [メイン] 具材を煮る
- [サブ] 煮始める

**仕上げ**
- [サブ] みそを溶く
- [メイン] ごはんを盛り、卵でとじる

**盛りつける**
- 親子丼、みそ汁の順に盛りつける

❶ 卵は中央から加えると均一に火が通せます。煮汁が軽く煮立つ程度の火加減をキープして。

---

[ メインのおかず ]

# 親子丼

 26cm

## 材料2人分

| | |
|---|---|
| 鶏もも肉 | 小1枚（200g） |
| 玉ねぎ | 1/2個（100g） |
| 卵 | 3個 |
| A　だし | 3/4カップ（150ml） |
| 　　しょうゆ | 大さじ2 |
| 　　酒 | 大さじ1 |
| 　　みりん | 大さじ1 |
| 　　砂糖 | 大さじ1/2 |
| ごはん（温かいもの） | 丼2杯分 |
| 三つ葉（ざく切り） | 適量 |

## 下準備

鶏肉は余分な脂肪を取り除き、小さめの一口大のそぎ切りにする。玉ねぎは薄切りにする。卵は白身を切るようにして粗く溶きほぐす。

## 作り方

**1** フライパンにAを混ぜ合わせ、中火にかける。煮立ったら鶏肉、玉ねぎを入れ、ときどき返しながら4分ほど煮る。器にごはんを盛る。

**2** 1を弱めの中火にして、中央から外側に溶き卵を回し入れる（❶）。すぐにふたをして30秒〜1分ほど煮て半熟状になったら、大きくすくってごはんにのせ、三つ葉を添える。

---

[ サブのおかず ]

# 白菜としいたけのごまみそ汁

 18cm

## 材料2人分

| | |
|---|---|
| 白菜 | 1〜2枚（100g） |
| しいたけ | 2個 |
| だし | 2カップ（400ml） |
| みそ | 大さじ1・1/2 |
| 白すりごま | 適量 |

## 下準備

白菜は葉と軸に分け（→P.184）、小さめの一口大に切る。しいたけは軸を落とし、薄切りにする。

## 作り方

**1** 片手鍋にだしを入れて中火で熱し、煮立ったら白菜の軸を加えて2分ほど煮る（❶）。

**2** 白菜の葉、しいたけを加えてさっと煮てからみそを溶き入れる。器に盛り、白すりごまをふる。

❶ 具材は一気に入れずにかたいものから順に煮ていきます。

献立1週間

\ 献立のコツ /

1. メインが汁気のあるあんなら
サブは汁物以外を

2. サブに根菜、葉物を使って
バランスよく！

3. サブをあっさりめの中華風にして
全体の味をまとめる

[メインのおかず]
## マーボーなす

[サブのおかず2]
## 大根ときゅうりの中華漬け

献立1週間

[サブのおかず1]
## ささみとほうれん草のねぎ塩和え

木
THU

# マーボーなす献立

ピリ辛＆ごま風味でごはんが進む大満足メニュー！

TIME
🕒
35分

※サブ2の下準備、調理時間は除く

[メインのおかず]

# マーボーなす
26cm

◎マーボー豆腐(P.38) 応用編
豆腐をなすに置き換えます。なすの調理は異なりますが、基本的な作り方は同じです。

## 材料2人分

| | |
|---|---|
| 豚ひき肉 | 120g |
| なす | 3本(250g) |
| 長ねぎ | 1/2本(40g) |
| しょうが | 1/2かけ |
| にんにく | 1/2かけ |

A
- 水 …… 3/4カップ(150ml)
- 鶏ガラスープの素 …… 小さじ1
- 酒 …… 大さじ1
- しょうゆ …… 大さじ1
- こしょう …… 少々

水溶き片栗粉
- 片栗粉 …… 小さじ2
- 水 …… 小さじ4

| | |
|---|---|
| 豆板醤 | 小さじ1 |
| 甜麺醤 | 大さじ1・1/2 |
| サラダ油 | 大さじ3 |
| ホワジャオ(あれば) | 少々 |

## 下準備

なすは縦に四つ割りにして長さを斜め半分に切り、冷水に5分ほどさらして水気をふく。長ねぎは粗みじん切りに、しょうが、にんにくはみじん切りにする。Aと水溶き片栗粉はそれぞれを混ぜ合わせておく。

## 作り方

1. フライパンにサラダ油大さじ2・1/2を**中火**で熱し、なすを入れて切り口がこんがりとするまで3分ほど炒め、一度取り出しておく(❶)。

2. フライパンにサラダ油大さじ1/2、しょうが、にんにくを入れて**中火**で熱し、香りが立ったら豚ひき肉を加える。ほぐしながら肉がポロポロになるまでじっくりと炒めたら、豆板醤、甜麺醤を加えて炒め合わせる。

3. **A**を加えて混ぜ、煮立ったら**1**のなすを戻し入れ、さっと煮る。

4. 一度**火を弱め**、再度混ぜた水溶き片栗粉を加えて混ぜ合わせる。再び**中火**にし、しっかりと煮立ってとろみがついたら長ねぎを加えてさっと混ぜ、ホワジャオをふる。

---

## 段取り上手の TIME SCHEDULE

**下準備①**
- [サブ2] 食べる30分以上前に中華漬けの作業を始める

**調理①**
- [サブ2] 漬け始める

**下準備②**
- [メイン] [サブ1] 食材をすべて切る

**調理②**
- [サブ1] ささみをゆでてさく
- [メイン] 炒めて煮る

**仕上げ**
- [サブ1] 和える
- [メイン] とろみをつける

**盛りつける**
- 中華漬け、ねぎ塩和え、マーボーの順に盛りつける

---

❶なすは油をよく吸うので、先に炒めて一度取り出し、ほかの具材を炒めて煮汁を加えてから戻し入れるのがコツ。

[サブのおかず1]

# ささみとほうれん草のねぎ塩和え

26cm

## 材料2人分

| | |
|---|---|
| ほうれん草 | 1束(200g) |
| 鶏ささみ | 2本(100g) |
| 塩 | 少々 |

A
- 長ねぎ ……… 1/3本
- レモン汁 …… 小さじ2
- ごま油 ……… 小さじ2
- 塩 …………… 小さじ1/3
- こしょう …… 少々

白炒りごま ………… 適量

## 下準備

ほうれん草は根元が太い場合は切り込みを入れる。**A**の長ねぎは粗みじん切りにする。鶏ささみは筋を取る（→P.186）。

## 作り方

**1** フライパンにたっぷりの熱湯を沸かし、ほうれん草を根元から入れてゆでる。すぐに冷水に取って冷まし、水気をしっかり絞って5cm長さに切り、もう一度水気をぎゅっと絞る（→P.93）。

**2** **1**の熱湯に塩を加えてささみを入れ、ときどき返しながら3分ほどゆでる。ざるに上げて粗熱を取り、手で食べやすくさく（❶）。

**3** ボウルに**A**を混ぜ合わせ、**1**と**2**を加えて和える。器に盛り、白炒りごまをふる。

❶ ささみは繊維に沿って手でさくと味が絡みやすくなります。

[サブのおかず2]

# 大根ときゅうりの中華漬け

## 材料3〜4人分

| | |
|---|---|
| 大根 | 1/3本(400g) |
| きゅうり | 1本(100g) |
| 塩 | 小さじ1/4 |
| しょうが | 1/2かけ |

A
- 赤唐辛子(小口切り) ……… 1/2本分
- しょうゆ ………………… 大さじ2
- ごま油 …………………… 大さじ2
- 砂糖 ……………………… 大さじ1・1/2
- 酢 ………………………… 大さじ2

## 下準備

大根は皮をむき、長さ5cm、太さ1cmの棒状に切り、きゅうりは麺棒でたたいて食べやすく割る（→P.183）。ボウルに合わせて塩をふってさっと混ぜ、10分ほどおいて水気を絞る。しょうがは皮つきのまま千切りにする。

## 作り方

密閉できる保存袋に**A**を混ぜ合わせ、大根、きゅうり、しょうがを入れてなじませる。空気を抜いて口を閉じ、平らにして30分以上漬ける（❶）。※冷蔵庫で5日間保存可能。

❶ 袋漬けにすると容器よりも調味液が少なくてすみ、また全体が均一に漬けられます。日持ちするので多めに作るのがおすすめです。

\ 献立のコツ /

1. サブにえびを使って
たんぱく質をプラス！

2. ピラフにない野菜の
みずみずしさをサブにプラス

3. スパイシー味×さっぱり
＆マイルド味で食べ飽きない

[サブのおかず2]
フレッシュトマトの
スープ

[サブのおかず1]
えびとアボカドの
ヨーグルトサラダ

金 / FRI

# ツナの炊き込み
# カレーピラフ献立

TIME 80分

献立1週間

ヨーグルトを入れたマイルドなサラダ、さっぱりスープで好バランス！

[メインのおかず]
### ツナの炊き込みカレーピラフ

169

[メインのおかず]

# ツナの炊き込みカレーピラフ

◎フライパンパエリア(P.136) & 鶏ときのこの炊き込みごはん(P.126) 応用編
米の炒め方はパエリアを、炊飯の仕方は炊き込みごはんを参考に。

### 材料2〜3人分

| | |
|---|---|
| 米 | 2合 (360ml) |
| ツナ缶 | 大1缶 (175g) |
| にんじん | 1/2本 (約80g) |
| 赤パプリカ | 1個 (正味120g) |
| 玉ねぎ | 1/4個 (50g) |
| カレー粉 | 小さじ2 |
| A 白ワイン(なければ酒) | 大さじ1・1/2 |
| 洋風スープの素 | 小さじ2 |
| 塩 | 小さじ1/2 |
| こしょう | 少々 |
| バター | 5g |
| オリーブオイル | 適量 |
| パセリ(みじん切り) | 適量 |
| 水 | 適量 |

**付け合わせ**

| | |
|---|---|
| 卵 | 2〜3個 |

### 下準備

ツナ缶はざるに上げて缶汁をきる。にんじんと赤パプリカは1cm角に切る。玉ねぎは粗みじん切りにする。卵は小さい器に割っておく。

### 作り方

**1** フライパン26cmにオリーブオイル大さじ1を中火で熱し、玉ねぎを炒める。しんなりとしたら米を洗わずに加え、米が透き通るまで炒めてカレー粉を加え、炒め合わせる。

**2** 炊飯器の内釜に1、Aを入れ、2合の目盛りまで水を注いでさっと混ぜる。にんじん、赤パプリカ、ツナをのせ、炊飯器のスイッチを押す。

**3** 炊き上がったら10分ほど蒸らし、バターを加えてさっくりと混ぜ(❶)、器に盛りつける。

**4** フライパン20cmにオリーブオイル少々を中火で熱し、卵を入れて目玉焼きを焼く。火をやや弱め、ふたをせずに好みの半熟加減になるまで焼く。3にのせてパセリをふる。

❶ 風味づけのバターはあとから加えます。

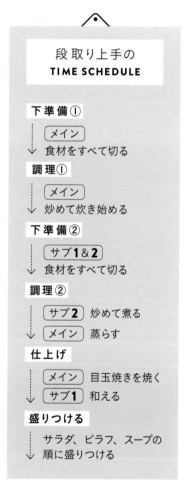

**段取り上手の TIME SCHEDULE**

下準備①
[メイン]
↓ 食材をすべて切る

調理①
[メイン]
↓ 炒めて炊き始める

下準備②
[サブ1&2]
↓ 食材をすべて切る

調理②
[サブ2] 炒めて煮る
↓
[メイン] 蒸らす

仕上げ
[メイン] 目玉焼きを焼く
[サブ1] 和える

盛りつける
↓ サラダ、ピラフ、スープの順に盛りつける

[ サブのおかず1 ]
# えびとアボカドのヨーグルトサラダ

## 材料2人分

| | |
|---|---|
| ボイルえび | 小10尾（120g） |
| アボカド | 1個 |
| きゅうり | 1/2本（50g） |
| レモン汁 | 小さじ1 |
| A　プレーンヨーグルト | 大さじ3 |
| 　　マヨネーズ | 大さじ1・1/2 |
| 　　砂糖 | 小さじ1 |
| 　　塩 | 小さじ1/4 |
| 　　こしょう | 少々 |

## 下準備

ボイルえびは殻をむいて横半分に切る。アボカドは種と皮を取り（→P.184）、一口大に切ってボウルに入れ、レモン汁を絡める。きゅうりは小さめの乱切りにする。

## 作り方

ボウルにAを混ぜ合わせ、えび、アボカド、きゅうりを加えて和える（❶）。

❶ サーバースプーンで底から大きく混ぜ、しっかり絡めて。

[ サブのおかず2 ]
# フレッシュトマトのスープ

16cm

## 材料2人分

| | |
|---|---|
| トマト | 1個（150g） |
| 玉ねぎ | 1/2個（100g） |
| オリーブオイル | 大さじ1/2 |
| A　水 | 2カップ（400ml） |
| 　　洋風スープの素 | 小さじ1 |
| 　　塩 | ひとつまみ |
| 　　こしょう | 少々 |
| 粉チーズ | 適量 |

## 下準備

トマトは1cm角に切る。玉ねぎは横半分に切って縦に薄切りにする。

## 作り方

1 片手鍋にオリーブオイルを中火で熱し、玉ねぎを炒める（❶）。

2 しんなりとしたらトマト、Aを加えて5分ほど煮る。器に盛り、粉チーズをふる。

❶ 炒めることで玉ねぎの甘みが引き出され、味に奥行きが出ます。

# チキン南蛮献立

TIME 30分

甘酢とタルタルで食欲アップ！ サブには野菜をたっぷり添えて

[メインのおかず]
**チキン南蛮**

[サブのおかず2]
# かぶのゆず浅漬け

献立1週間

[サブのおかず1]
# オニスラ梅やっこ

\ 献立のコツ /

1. ボリューミーなメインには あっさり&軽めの副菜を

2. 肉の揚げ物に生野菜の フレッシュさが好相性!

3. サブに梅やゆずを使って、 さわやかな箸休めに!

173

[メインのおかず]

# チキン南蛮
26cm

◎鶏のから揚げ(P.36)、あじの南蛮漬け(P.70) 応用編
から揚げを参考に肉を揚げ、たれを絡めるタイミングは南蛮漬けに倣って。

### 材料2人分

| | |
|---|---|
| 鶏むね肉(皮なし) | 2枚(400g) |
| 塩 | ひとつまみ |

A
- しょうゆ……大さじ1・1/2
- 酢…………大さじ1・1/2
- 砂糖………大さじ1・1/2
- 一味唐辛子………少々

**タルタルソース**
- ゆで卵……………………1個
- 玉ねぎ…………………1/8個
- マヨネーズ…………大さじ2
- レモン汁……………小さじ1
- 塩、こしょう………各少々

| | |
|---|---|
| 小麦粉 | 適量 |
| 溶き卵 | 1個分 |
| 揚げ油 | 適量 |

**付け合わせ**
キャベツ、トマト…………各適量

### 下準備

鶏肉は観音開きにして厚みを開き(→P.186)、塩をふる。Aは耐熱容器に入れて混ぜ合わせ、ラップをかけずに電子レンジ(600W)で2分ほど加熱し、バットに移しておく。タルタルソースはゆで卵と玉ねぎをみじん切りにし、ほかの材料と混ぜ合わせておく。キャベツは千切りにして水にさらし、水気をきる。トマトはくし形切りにする。

### 作り方

**1** 鶏肉に小麦粉を薄くまぶす。

**2** フライパンに揚げ油を2cmほど注いで**170℃**に熱し、**1**の鶏肉を溶き卵にくぐらせて入れる(❶)。衣がかたまったら1〜2度返しながら4分揚げ、さらに**強火**にして1分ほど揚げて油をきる。

**3** **2**を熱いうちにAのバットに入れて絡める。食べやすく切って器に盛りつけ、バットに残ったAを適量かける。タルタルをかけ、キャベツ、トマトを添える。

---

### 段取り上手の TIME SCHEDULE

**下準備**
- [メイン] [サブ1&2]
最初にかぶを切って塩をふり、おいている間にほかをすませる

**調理**
- [メイン] 粉をつけ揚げる
- [サブ1] 具を和える
- [サブ2] 和える

**仕上げ**
- [メイン] たれを絡める

**盛りつける**
浅漬け、やっこ、チキン南蛮の順に盛りつける

---

❶チキン南蛮といえば、卵を絡めたふんわり衣。溶き卵にくぐらせたら、そのまま油に入れて揚げればOK。

[サブのおかず1]

# オニスラ梅やっこ

## 材料2人分

| | |
|---|---|
| 木綿豆腐 | 1丁(300g) |
| 玉ねぎ | 1/4個(50g) |
| 梅干し | 1個 |
| 麺つゆ(3倍濃縮) | 大さじ1 |

## 下準備

玉ねぎは縦に薄切りにし、5分ほど冷水にさらして水気をよくきる。梅干しは種を除き、包丁で粗くたたく。豆腐はペーパータオルで水気をふき、横半分に切る。

## 作り方

**1** ボウルに玉ねぎ、梅を入れ、ざっくりと和える。

**2** 豆腐を器に盛りつけ、**1**をのせて麺つゆをかける(❗)。

❗豆腐は水気が出やすいので、メインの温かいおかずを盛りつける直前に盛り、麺つゆは食べる前にかけましょう。

[サブのおかず2]

# かぶのゆず浅漬け

## 材料2人分

| | |
|---|---|
| かぶ | 2個(160g) |
| かぶの葉 | 1個分(70g) |
| ゆずの皮 | 1/3個分 |
| 塩 | 小さじ2/3 |

## 下準備

かぶは葉を切り落として皮をむき、薄い半月切りにする。葉は細かく刻む。ゆずの皮は千切りにする。

## 作り方

**1** ボウルにかぶ、かぶの葉を入れ、塩をふってさっと混ぜ(❗)、10分ほどおいて水気をぎゅっと絞る。

**2** **1**にゆずの皮を加え、さっと和える。

❗浅漬けの塩の量は材料の重量の2〜2.5%が目安。ここでは皮をむいたかぶ130g+葉70g、合計200g×2%=4g(小さじ2/3)です。

# きのこの煮込みハンバーグ献立

TIME 40分

ハンバーグを煮込んでアレンジ。彩り野菜のサブを添えて豪華な食卓に

[メインのおかず]
**きのこの煮込みハンバーグ**

[サブのおかず2]
# かぼちゃとくるみのサラダ

\ 献立のコツ /

1. こっくりとした煮込み料理には さっぱり冷たいサブを
2. 単色のメインに カラフル食材で彩りを加える
3. シャキシャキ＆ほっくり。 食感の異なるサブで バランスよく

献立1週間

[サブのおかず1]
# れんこんとセロリの レモンマリネ

[メインのおかず]

# きのこの煮込みハンバーグ

◎ ハンバーグ(P.28) 応用編
肉だねの作り方は同じ。焼くときに蒸し焼きにせず、最後に煮込んで火を通します。

26cm

## 材料 2人分

**肉だね**
- 合いびき肉 ………………… 250g
- 玉ねぎ ………… 1/2個(100g)
- パン粉 …… 1/2カップ(100ml)
- 牛乳 ………………… 大さじ3
- 塩 ………………… 小さじ1/4
- こしょう ……………………… 少々
- 溶き卵 ………………… 1/2個分

玉ねぎ ……………… 1/2個(100g)
マッシュルーム缶(スライス)
……………………… 1缶(185g)
サラダ油 …………… 大さじ1・1/2
赤ワイン ………… 1/4カップ(50ml)

**A**
- デミグラスソース(缶詰)
 ……………… 150g (約1/2缶)
- 水 ………… 3/4カップ(150ml)
- トマトケチャップ …… 大さじ1
- ウスターソース …… 大さじ1/2
- 塩 ………………… 小さじ1/4
- こしょう ……………………… 少々

コーヒーフレッシュ、
 パセリ(みじん切り) ……… 各適量

## 下準備

玉ねぎは、肉だね分をみじん切りに、残りは1cm幅のくし形切りにする。フライパンにサラダ油大さじ1/2を**中火**で熱し、みじん切りを炒め、しんなりとしたら取り出して冷ます。パン粉は牛乳と混ぜてふやかす。マッシュルーム缶はざるに上げ、缶汁をきる。**A**は混ぜ合わせておく。

## 作り方

**1** ボウルに合いびき肉、塩、こしょうを入れ、さっと練り混ぜる。炒めた玉ねぎ、ふやかしたパン粉、溶き卵を加え、粘りが出るまでしっかりと練り混ぜる。4等分にして軽くまとめ、空気を抜き、小判形に整える。

**2** フライパンにサラダ油大さじ1/2を**中火**で熱し、**1**を並べ入れて2〜3分焼きつける。こんがりしたら裏返し、2分ほど焼いて取り出す。

**3** **2**のフライパンをきれいにふき、サラダ油大さじ1/2を入れて**中火**で熱し、残りの玉ねぎを炒める。しんなりとしたらマッシュルームを加えてさっと炒め、**2**を戻し入れて赤ワインを加え(❶)、1分ほど煮立たせる。

**4** **A**を加えて混ぜ合わせ、ふたをして**弱めの中火**で10分ほど煮る。器に盛りつけ、コーヒーフレッシュをかけてパセリを散らす。

### 段取り上手の TIME SCHEDULE

**下準備**
- メイン / サブ1&2 材料をすべて切り、メインの玉ねぎを炒める

**調理**
- メイン 肉だねを作り焼く
- サブ1&2 かぼちゃを加熱する。マリネを作る
- メイン 具を炒める

**仕上げ**
- メイン 煮込む
- サブ2 和える

**盛りつける**
サラダ、マリネ、ハンバーグの順に盛りつける

❶赤ワインはしっかり煮立たせてアルコール分を飛ばし、うまみを倍増させます。

[サブのおかず1]
# れんこんとセロリのレモンマリネ

18cm

◎スモークサーモンのマリネ（P.112）応用編

## 材料2人分

| | |
|---|---|
| れんこん | 小1節（150g） |
| セロリの茎 | 1/2本（40g） |
| セロリの葉 | 5g |
| レモン（国産） | 1/4個 |

A
- オリーブオイル……大さじ1・1/2
- レモン汁……大さじ1
- 塩……小さじ1/4
- こしょう……少々

## 下準備

れんこんは2mm幅ほどの薄い輪切りにし、5分ほど水にさらして水気をきる。セロリは茎の部分を斜め薄切りにし、葉は手でちぎる。レモンは皮をよく洗い、薄いいちょう切りにする。

## 作り方

1 バットにAを混ぜ合わせ、セロリの茎と葉、レモンを加えて和える。

2 片手鍋に熱湯を沸かしてれんこんを入れ、返しながら透き通ってくるまで1分ほどゆでる。ざるに上げてよく水気をきり、熱いうちに1に加えて和え（❶）、なじませる。

❶れんこんは熱いうちにマリネ液に絡めます。味なじみがよくなり、格段においしく仕上がります。

[サブのおかず2]
# かぼちゃとくるみのサラダ

## 材料2人分

| | |
|---|---|
| かぼちゃ | 1/4個（350g） |
| くるみ（炒ったもの） | 大さじ3 |

A
- マヨネーズ……大さじ2
- 牛乳……大さじ1～2
- はちみつ……大さじ1
- 塩……小さじ1/4
- こしょう……少々

## 下準備

かぼちゃは種とワタを取る。Aは混ぜ合わせておく。

## 作り方

1 かぼちゃは耐熱皿にのせてふんわりとラップをかけ、電子レンジ（600W）で5分ほど加熱する。竹串がすーっと通ったらボウルに入れ、フォークで粗く潰して冷ます（❶）。

2 1にA、くるみを加えて和える。

❶かぼちゃは温かい方が潰しやすく、味もなじみやすいので、レンジで加熱したあとは、手早く作業を。

COLUMN

# 盛りつけのコツ

盛りつけ方を少し工夫するだけでおいしさがぐんとアップ！
料理がおいしく見える器の選び方と盛りつけのコツを覚えましょう。

付け合わせは彩り重視
メインを引き立てるように配置

盛りすぎず、
ほどよく余白を残す

メインは手前中央に！

## 平皿は余白を生かしてバランスよく盛る

おかずを盛るときに気をつけたいのが、器のサイズ。料理のボリュームに合わせたサイズを選び、余白をほどよく残しながらメインのおかずと付け合わせをバランスよく盛りつけるとまとまりが生まれ、おいしそうに見えます。

**小鉢はこんもり盛る**　**小皿を使って変化球も！**

**トングやサーバースプーンを使うとスムーズ**

素材をつかみやすいので、麺類やサラダなどの盛りつけにおすすめです。

## 2 食べる人の目線や取りやすさも意識して

**具材をバランスよく見せる**

煮物は器の中央を高く盛るように意識しながら、大きめの具材を中心にほかの具材も見えるように配置すると華やかに。

**少しずらすと取りやすい！**

平面的な形状のおかずは、ずらして並べるように器に盛りつけると箸でつまみやすくなり、食べる人が取りやすい。

## 3 一度に盛らず数回に分けて高く盛る！

**ふんわりと立体的に盛る**

サラダは浅めの鉢を選び、野菜をふんわりと立体的に盛ると見た目のおいしさがアップし、食欲を誘う一皿に！

**パスタはひねって高く！**

パスタは何回かに分けて盛るのがコツ。トングを使ってパスタをつかみ、クルッとひねると美しい盛りつけが完成！

180

レシピに出てくる下準備を解説
# 切り方・下ごしらえの基本

料理をおいしく完成させるために欠かせない
食材の切り方、下ごしらえの基本をまとめて解説。

## 野菜

▶ **斜め切り**
斜めに包丁を入れて一定の幅で切る。ねぎ、きゅうりなど細長い野菜に用いる切り方。

▶ **輪切り**
にんじんなど円柱状の野菜に。切り口と平行に包丁を当てて一定の幅で切る。

▶ **千切り**

にんじんの場合

4〜5cmの長さに切ってから長方形の板状になるように、縦に1〜2mm厚さに切る。

少しずつずらして並べ、1〜2mm幅に切る。

▶ **乱切り**
端から斜めに切り、次に手前に少し回して切り口の真ん中から刃を入れ切る。これを繰り返す。

キャベツの場合

軸の部分を切り落とし、2〜3枚ずつ重ねて軽く丸め、繊維を断つように端から細く切る。

▶ **細切り**
板状になるように縦に3〜4mmの厚さに切り、ずらして並べたら、3〜4mm幅に切る。

▶ **角切り**
2〜3cm厚さの板状に切ってから2〜3cm幅の棒状に切り、端から2〜3cm幅に切る。

▶ **短冊切り**
4〜5cm長さに切ってから、板状になるように縦に約1cm厚さに切り、切り口を下にして2〜3mm幅に切る。

▶ **棒切り**
（拍子木切り）
4〜5cm長さに切って1cm厚さの板状に切ってから、縦に7mm〜1cm幅に切る。

# 野 菜

### ▶ みじん切り

**玉ねぎの場合**

縦半分に切って切り口を下にし、根元を切り離さないように縦に細かく切り込みを入れる。

根元の反対側の端から、繊維を断つように細かく切る。

根元を切り落とし、包丁の先を手で押さえながら上下に動かしてさらに細かく刻む。

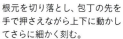

粗みじん切り　　みじん切り

**ねぎの場合**

3〜4mm幅を目安に斜めに切り込みを入れ、180度回転させて同様に切り込みを入れる。

輪切りの要領で端から3〜4mm幅に切る。

### ▶ 小口切り

ねぎ、きゅうりなど細長い野菜に。包丁を直角に当てて端から一定の幅に切る。

### ▶ 白髪ねぎ

5〜6cmの長さに切り、縦に切り込みを入れて中心にある黄緑色の芯を取り出す。

白い部分を平らにして縦に並べ、端から細く切って水にさらす。

### ▶ くし形切り

丸い野菜を縦半分に切り、切り口を下にして放射状に包丁を入れて切る。

### ▶ 半月切り

大根、にんじんなどに用いる切り方。縦半分に切り、切り口を下にして一定の幅に切る。

### ▶ 四つ割り

縦半分に切り、切り口を下にしてさらに半分に切る。煮物や蒸し料理に。

### ▶ 薄切り

縦半分に切り、切り口を下にして一定の幅に縦に薄く切る。繊維を断つ場合は横にする。

# 野菜

▶ **ざく切り**
水菜、ニラなどの場合、根元を少し切り落とし、約5cmの長さにそろえて切る。

▶ **きのこの石づきを落とす**
絞ったふきんなどで汚れをふき取り、軸の先のかたい部分を切り落とす。

▶ **ささがき**
ごぼうの切り方。まず包丁で端から十文字に切り込みを入れる。

水を張ったボウルの上で、ごぼうを回しながら端から包丁で削るように薄く切る。

▶ **小房に分ける**

[ブロッコリーの場合]
つぼみのつけ根に包丁を入れて茎から切り離す。大きい場合はさらに切る。

[しめじの場合]
軸の先のかたい部分（石づき）を切り、手でさいて食べやすい大きさに分ける。

▶ **皮をこそげる**
流水で泥をよく洗い、包丁の背を当てて薄くこするように皮を取る。ごぼうやしょうがに。

▶ **ブロッコリーの茎の皮をむく**
表面の皮を包丁で厚めに切り落とす。細切りなどにして加熱すればおいしく食べられる。

▶ **たたき割る**
きゅうりをまな板の上にのせ、麺棒で全体をたたく。

さけた部分から手で割り、食べやすく小分けにする。

▶ **じゃがいもの芽を取る**
芽はソラニンという有害物質を含むため、包丁の刃元の角を当てて完全にえぐり取る。

▶ **もやしのひげ根を取る**
根元からひょろっと伸びるひげ根をつまみ、折って取り除く。

# 野菜

▶ **手でちぎる**
レタスは包丁で切ると酸化しやすいため、手で食べやすい大きさにちぎる。

▶ **キャベツの芯を取る**
芯に沿ってV字の切り込みを入れ、切り離す。

▶ **白菜の葉と軸を分ける**
やわらかい緑色の葉の部分と、白くてかたい軸の境目に包丁を入れて切り分ける。

▶ **アボカドの種を取る**
縦に包丁を入れて種に当たったら、ぐるりと切り込みを入れる。

手で左右にねじって2つに割る。

包丁の刃元を種に刺し、少しねじって種を取り出す。

レモン汁をかけて変色を防ぐ。

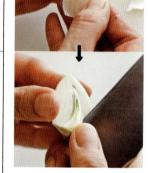

▶ **にんにくの芽を取る**
根元を少し切り落とし、表面の皮をむく。

縦半分に切り、中心にある芽に包丁の刃元を当てて取り除く。

▶ **セロリの筋を取る**
葉を切り、茎の端の筋の先端を包丁で持ち上げ、そのまま引っ張って取る。

▶ **ピーマンの種とヘタを取る**
縦半分に切り、ヘタを内側に押して種ごと取り除く。

▶ **大根をおろす**
持ちやすい大きさに切り、繊維の向きが垂直になるようにおろし器に当てておろす。

ざるに入れて適度に水気をきる。押さえたり、長くおくとパサパサになるので注意。

# 野 菜

▶ 下ゆで

大根の場合

米を入れて水から竹串が通るくらいまでゆで、大根の苦みやえぐみを抜く。

いんげんの場合

たっぷりの湯を沸かして塩適量を加え、少しかためにゆでる。

▶ 水に取る、取らない

◎葉物などは水に取る

葉物などは変色しやすいので水にさらすことで色よく仕上がり、えぐみも抜ける。また余熱で火が通りすぎるのを防ぐ。

◎ブロッコリーなどはざるに取る

ブロッコリーなどは水にさらすと水っぽくなるので、少しかために下ゆでしてざるに上げ、そのまま冷ます。

▶ 板ずり

水気がついた状態で塩をまぶし、まな板の上で前後に2〜3回転がし青臭さを抜く。これで色みもよくなる。

▶ 塩もみ

塩をふってさっと混ぜ、少しおいてからもんで水気を絞る。これで味がなじみやすくなる。

▶ 水にさらす

◎変色防止

じゃがいもやれんこんは空気に触れると黒ずむため、水にさらして変色を防ぐ。

◎食感UP

レタスなどの生で食べる葉物は、水を吸わせてシャキシャキに。

◎辛みを抜く

玉ねぎやしょうがを生で食べる場合は、水にさらして辛みやえぐみを抜く。

▶ 隠し包丁

輪切りにした野菜などの片面に包丁で十文字の切り込みを入れる。火の通りや味のしみ込みがよくなる。

▶ 水揚げ

冷水を張ったボウルに青菜の根元を浸けて水を吸わせ、シャキッとさせる。

▶ 面取り

切り口の角を包丁で削り取る。味がしみ込みやすくなり、煮崩れもしにくくなる。

# 肉・魚介

▶ **観音開き**
鶏むね肉の中央に切り込みを入れ、包丁の刃を寝かせて左側にそぐように切り込みを入れる。

上下を逆にし、同様に中央から包丁を寝かせて左側に切り込みを入れて開く。

▶ **えびの殻をむく**
尾付近の足側の殻を手でさき、頭の方に向かってむいていく。

▶ **えびの背ワタを取る**
殻をむいたえびの背中に包丁で切り込みを入れる。

包丁で中にある黒い筋（背ワタ）を引き出して取り除く。

用途に応じて竹串でもOK

▶ **脂肪を取る**
鶏もも肉の皮と身の間にある、余分な白い脂肪分を包丁で取り除く。

▶ **もみ洗い**
片栗粉をまぶして軽くもみ込む。これで汚れが粉に吸着し、臭みが取れる。

▶ **筋を取る**
ささみの白い筋の先端をペーパータオルでつまみ、包丁を当てながら引いて取り除く。

▶ **筋切り**

[鶏肉の場合]
肉の間にある白い筋を断つように包丁で数カ所切り込みを入れ、厚みを均一にする。

▶ **皮に切れ目を入れる**
包丁で皮に切り込みを数本入れる。皮の反り返りを防ぎ、火も通りやすくなる。

[豚肉の場合]
赤身と脂身の間にある筋に7〜8カ所ほど切り込みを入れ、肉の反り返りを防ぐ。

▶ **小骨を取る**
おろした魚の切り口を頭から尾へ向かって触り、指にあたった骨の先を骨抜きではさむ。頭側に向けてすっと引いて骨を抜く。

## その他の食材

### ▶ 塩をふる（ふり塩）

バットに魚の身を並べ、塩適量をふって10分ほどおく。「ふり塩」という作業で、塩の量は切り身魚なら魚の重量の1％、骨つきの魚を使う塩焼きなどは1〜1.5％を目安に。

出てきた水気をペーパータオルでふき取り、臭みを除いてから調理する。

### ▶ 油揚げの油抜き

さっと

ざるにのせて熱湯をさっと回しかける。油を抜くと調味料が入りやすく油臭さも抜ける。

しっかり

鍋に湯を沸かし菜箸で押さえながら1〜2分ほどゆでると、油がよりしっかりと抜ける。

### ▶ 霜ふり

切り身の場合

ざるに入れ、表面が白くなる程度に熱湯を回しかけ、生臭みを消す。

冷水に取り、骨まわりについた血のかたまりを取り除き、ペーパータオルで水気をふき取る。

### ▶ こんにゃくの　アク抜き

塩もみしたら、こんにゃくは水から、しらたきは熱湯に入れて下ゆでし、アクを抜く。

### ▶ 豆腐の水きり

豆腐をペーパータオルで包み、同量程度の重しをのせて15〜30分ほどおく。豆腐が入っていたパックに水を注げば重し代わりに。

脂が多い魚の場合

脂の多いあらなどは、熱湯に入れて白っぽくなる程度にゆで、冷水に取って脂と臭みを除く。

### ▶ 塩蔵わかめの　ふり洗い

水を張ったボウルに入れて軽くゆすり、塩を落とすように洗う。

### ▶ 貝の砂出し

バットに入れて塩水をひたひたに注ぎ、アルミホイルをかぶせて暗くて静かな場所に1時間ほどおく。塩水は海水程度の3％濃度が目安だが、仕上がりがしょっぱくなるので、少なめの2.5％が◎。

### ▶ わかめの湯通し

熱湯に入れてさっとゆでて冷水に取ることで、色鮮やかに仕上がり、食感もやわらかくなる。

# レシピ用語の基本

知っているようで意外と思い違いのあるレシピの言葉。正しい意味が分かればいろんなレシピで役立ちます。

## あ

● **和え衣**
和え物を作る際に、食材に絡める衣のこと。数種類の調味料やごま、豆腐などを混ぜ合わせたものが一般的。

● **揚げ油**
食材を揚げる多めの油。材料に「揚げ油」とあるときは、サラダ油または好みの油を使用。

● **味を調える**
調理の仕上げに味見をし、足りない味を加えるなどして全体の味を調節すること。

● **味をなじませる**
調味したあとにしばらくおくなどして、食材全体に味をまんべんなく行き渡らせること。

● **油を熱する**
フライパンや鍋に適量の油を入れ、火にかけて温めること。火加減は特に表記がない場合、中火が基本。手をかざしてすぐに温かく感じるくらいまで熱する。

● **粗熱を取る**
加熱調理したあとに火からおろし、手で触れるくらいまでの温度に冷ますこと。ざるやバットなどに移して冷ますことも。

● **アルデンテ**
スパゲッティをゆでるときに歯ごたえを残すゆで方。袋の表示時間より1～2分短くゆで、芯がやや残っているようにゆでる。

● **合わせ調味料**
数種類の調味料を混ぜ合わせたもの。材料表では「A」「B」でくくられ、味つけのときに一緒に加えるため、あらかじめ混ぜ合わせておくと作業がスムーズに。

● **あん**
ダシや汁物に水溶き片栗粉などでとろみをつけたもので、別に調理したものにかけて食べることが多い。中華ではぎょうざなどの具もあんという。

## か

● **石づき**
きのこの軸の先にある、菌床についていたややかたい部分。この部分は切り落として使うのが一般的。

● **うまみ**
甘み、酸味、塩味、辛み以外の、食材そのものが持つ味。

## か

● **香りを立たせる**
冷たい油ににんにくやしょうがなどの香味野菜を入れ、弱火でゆっくり加熱しながら香りを引き出すこと。スパイス類も、ゆっくり炒めると香りがより際立つ。

● **隠し味**
ごく少量の調味料やうまみの強い食材を加え、全体の味を引き立たせること。

● **かたゆで**
主に野菜などを下ゆでするときに、その後の余熱や加熱調理を考慮して、歯ごたえを残してかためにゆでること。

● **カラザ**
卵の卵黄を固定する白い紐状のもの。たんぱく質でできていて、食べられるものだが、口当たりや見た目が気になる場合は、箸などでつまんで取り除く。

● **皮目**
鶏肉や魚の皮がついている側のこと。皮目から焼くと縮みにくく、きれいに焼き上がる。

● **こす**
ざるやペーパータオルに通して、必要のない不純物などを除いたり、きめを細かくすること。

## さ

● **さしすせそ**
昔ながらの味つけの順番。「さ」は砂糖、「し」は塩、「す」は酢、「せ」はしょうゆ、「そ」はみそをさし、この順番で入れていくと味が入りやすい。

● **塩抜き**
保存のために強く塩をしてある塩蔵品を、水に浸けて適度に塩を抜くこと。

● **塩もみ**
食材に塩をまぶし、手で軽くもむこと。水分を出してしんなりさせてから水気を絞ると、味が入りやすくなる。

● **塩ゆで**
熱湯に適量の塩を入れて食材をゆでること。ほんのり塩味がつき、野菜は色が鮮やかになる。

● **下味**
材料にあらかじめ調味料やスパイスをなじませ、味をつけておくこと。肉や魚の臭みを取り、やわらかくする効果も。

● **下ゆで**
調理に入る前に、あらかじめ食材をゆでておくこと。アクや脂、ぬめりを除いたり、やわらかくすることで味をしみ込みやすくする効果も。

● **室温に戻す**
冷蔵庫で冷やしている食材を出し、室温と同じくらいの温度に戻しておくこと。

● **正味**
野菜や魚などの皮や種などを除いた、実際に食べられる重量。材料の分量の目安として表記されることも。

● **汁気を飛ばす**
炒め物や煮物の途中で火を強め、水分が蒸発するように炒めたり煮詰めたりすること。汁気が減ることで味が濃縮する。

● **しんなりさせる**
野菜のハリやかたさが取れてやわらかくなり、量が減った状態。野菜に塩をふったり加熱したりするときに、状態の目安になる。

● **透き通るくらい**
玉ねぎや米などを油で炒めていくうちに、生のときの白さがなくなり、透明感が増してきた状態。次の工程に入る前のサインになる。

## た

- **たね**
ハンバーグや肉団子の生地のほか、おでんのたね、寿司だねなど、料理に用いる材料をさす。

- **食べやすい大きさ**
無理なく口に入れられる、またはおいしく食べられる大きさ。一口大と同じ意味合いもあるが、自分好みの大きさということで、サイズはもっとアバウト。

- **付け合わせ**
メインの料理に添える脇役的な料理や食材。味や彩りを引き立てたり、栄養のバランスをよくする役割も。

- **つなぎ**
ハンバーグや肉団子など、材料を練ったり混ぜ合わせるときに、まとまりやすくするために加えるもの。パン粉や卵、山いも、片栗粉、小麦粉など、材料や料理法によって使い分ける。

- **つやが出るまで**
炒め始めに全体に油が回った状態。またたれや煮汁を絡めて照りを出したり、とろみをつけるときの仕上げの目安にも。

- **適宜**
必要であれば使うという意味。

- **適量**
調理道具や食材の大きさなど、そのときの状況に応じた丁度よい量。調味料などは味を確認しながら加えていく。

## な

- **鍋肌**
鍋やフライパンの内側の側面。調味料を加える際に、鍋肌に注ぐように加えるとまんべんなく味がつけられ、香ばしさも加わる。

- **煮絡める**
料理を仕上げる際に、具材に煮汁を絡めてつやよく仕上げること。煮汁を煮詰めたあとに行うことが多い。

- **煮立てる**
湯や煮汁を中火から強火で沸騰させてしばらくグラグラさせること。

- **煮詰める**
煮汁がほとんどなくなるまで水分を飛ばしながら煮ること。

- **練る**
生地やたねを作るときに、材料がまとまるようにしっかりと混ぜること。

## は

- **火加減**
強火、中火、弱火など、材料を加熱するときの火の強さ。強めの中火、弱めの中火などと表現することもある。

- **一口大**
一口で食べられる大きさ。主に3〜4cm四方を目安に切る。それより小さい場合は「小さめの一口大」、大きい場合は「大きめの一口大」。

- **ひと煮する**
煮立った煮汁に材料を入れ、再び煮立ったらひと呼吸おいて火を止めるなど、最後の仕上げや食感が悪くなってしまう食材を煮る際に、さっと加熱すること。

- **ひと混ぜする**
炒め物や煮物で、あとから加えた材料や調味料をヘラなどで1〜2回軽く混ぜること。

- **ふり塩**
魚の下ごしらえなどで、あらかじめ塩をふってしばらくおくこと。まんべんなくふりかけるために高い位置からふる。

## ま

- **まぶす**
塩や粉類を食材にまんべんなくかけること。

- **回し入れる**
鍋中の具材に調味液がまんべんなく行き渡るように、大きく円を描きながら注ぎ入れること。

## 水加減
材料をゆでたり煮たりするときの水の量。ひたひた、かぶるくらい、たっぷりなどと表現される。

- **水きり**
洗ったりゆでたりした食材を、ざるに上げるなどして余分な水分を除くこと。豆腐の場合は重しをしたり、電子レンジで加熱して水気をきる。

- **水溶き片栗粉**
片栗粉を水で溶いたもの。水の量は同量から2倍程度で、料理にとろみをつけるときに使用する。

- **戻し汁**
乾物などを戻すために浸けておいた水やぬるま湯。干ししいたけなどはうまみ成分が出ているので、料理に加えることも多い。

- **戻す**
干ししいたけや切り干し大根などの乾物類を、水やぬるま湯に浸してやわらかくすること。

## や

- **焼き色をつける**
食材の表面を香ばしく焼くこと。「きつね色」と表現されることも多く、裏返したり次の食材を加える目安になる。

- **薬味**
料理に香りや彩りをプラスして、味や風味を引き立てるもの。長ねぎやしょうが、大葉などの香味野菜のほか、香辛料も含まれる。

- **予熱**
オーブンやオーブントースター、グリルの温度を、あらかじめ調理に合った温度まで上げておくこと。

- **余熱**
加熱したあとに、道具や食材に残った熱。料理によって、余熱で火が通らないように水で冷やしたり、火を止めてから余熱で火を通したりすることも。

## わ

- **割りほぐす**
卵をボウルなどに割って混ぜること。

# 食材別さくいん

余り食材や冷蔵庫の常備食材から
メニューを考えるのに便利！

## 肉・肉加工品

### ☐ 牛肉
- 牛丼 ………………………… 132
- 肉じゃが ……………………… 32

### ☐ 鶏肉
- オムライス …………………… 128
- 親子丼 ………………………… 163
- カリカリチキンソテー ………… 74
- ささみとほうれん草のねぎ塩和え
  …………………………………… 167
- チキンクリームシチュー ……… 68
- チキン南蛮 …………………… 174
- 筑前煮 ………………………… 72
- 鶏ときのこの炊き込みごはん … 126
- 鶏のから揚げ ………………… 36
- 鶏の照り焼き ………………… 46
- 鶏ハム ………………………… 84
- バンバンジー ………………… 88

### ☐ ひき肉
- きのこの煮込みハンバーグ …… 178
- ハンバーグ …………………… 28
- ポテトコロッケ ……………… 64
- マーボー豆腐 ………………… 38
- マーボーなす ………………… 166
- ミートボールのトマト煮 ……… 58
- 焼きぎょうざ ………………… 60

### ☐ 豚肉
- 韓国風肉じゃが ……………… 160
- とんかつ ……………………… 48
- 肉野菜炒め …………………… 30
- 豚の角煮 ……………………… 56
- 豚のしょうが焼き …………… 26
- 冷しゃぶサラダ ……………… 86

### ☐ 肉加工品
- カルボナーラ ………………… 142
- チャーハン …………………… 130
- ほうれん草とベーコンのキッシュ
  …………………………………… 108
- ポテトサラダ ………………… 52
- ミックスサンド ……………… 138
- ミネストローネ ……………… 144

## 魚介・魚介加工品

### ☐ 魚
- アクアパッツァ ……………… 82
- あじの南蛮漬け ……………… 70
- かれいの煮つけ ……………… 78
- さばのみそ煮 ………………… 34
- 鮭のムニエル ………………… 62
- スモークサーモンのマリネ …… 112
- ぶり大根 ……………………… 76
- ぶりの照り焼き ……………… 156

### ☐ あさり
- アクアパッツァ ……………… 82
- あさりの酒蒸し ……………… 102
- あさりのみそ汁 ……………… 125
- フライパンパエリア ………… 136

### ☐ えび
- えびチリ ……………………… 66
- えびとアボカドのヨーグルトサラダ
  …………………………………… 171
- えびマカロニグラタン ………… 50
- かき揚げ ……………………… 80
- フライパンパエリア ………… 136

### ☐ 魚介加工品
- きゅうりとわかめの酢の物 …… 100
- 大根とかにかまの和風サラダ … 157
- ちくわとキムチのみそ汁 ……… 125

## 卵・大豆加工品

### ☐ 卵
- オムライス …………………… 128
- 親子丼 ………………………… 163
- かき玉汁 ……………………… 146
- カルボナーラ ………………… 142
- スクランブルエッグ ………… 115
- だし巻き卵 …………………… 44
- チキン南蛮 …………………… 174
- チャーハン …………………… 130
- ほうれん草とベーコンのキッシュ
  …………………………………… 108
- ミックスサンド ……………… 138

### ☐ 油揚げ
- いなり寿司 …………………… 134
- ひじきの煮物 ………………… 96

### ☐ 豆腐
- オニスラ梅やっこ …………… 175
- 豆腐とわかめのみそ汁 ……… 124
- マーボー豆腐 ………………… 38

## 野菜・果物

### ☐ アボカド
- えびとアボカドのヨーグルトサラダ
  …………………………………… 171

### ☐ かぶ
- かぶのゆず浅漬け …………… 175

### ☐ かぼちゃ
- かぼちゃとくるみのサラダ …… 179
- かぼちゃと玉ねぎのみそ汁 …… 125
- かぼちゃの煮物 ……………… 98

### ☐ きのこ
- えびマカロニグラタン ………… 50
- 韓国風肉じゃが ……………… 160
- 鶏ときのこの炊き込みごはん … 126
- 白菜としいたけのごまみそ汁 … 163
- ほうれん草とベーコンのキッシュ
  …………………………………… 108
- ミートボールのトマト煮 ……… 58

### ☐ キャベツ
- コールスロー ………………… 111
- 肉野菜炒め …………………… 30
- 焼きぎょうざ ………………… 60

### ☐ きゅうり
- えびとアボカドのヨーグルトサラダ
  …………………………………… 171
- きゅうりとわかめの酢の物 …… 100
- グリーンサラダ ……………… 40
- 大根ときゅうりの中華漬け …… 167
- バンバンジー ………………… 88
- ピクルス ……………………… 113
- ポテトサラダ ………………… 52

### ☐ ごぼう
- きんぴらごぼう ……………… 94
- 筑前煮 ………………………… 72
- 鶏ときのこの炊き込みごはん … 126

### ☐ 小松菜
- 青菜とコーンのバターみそ汁 … 157

□ さやいんげん
いんげんのごま和え ………… 101

□ じゃがいも
韓国風肉じゃが ……………… 160
チキンクリームシチュー ……… 68
肉じゃが ………………………… 32
ポテトコロッケ ………………… 64
ポテトサラダ …………………… 52
ミネストローネ ……………… 144

□ ズッキーニ
ラタトゥイユ …………………… 106

□ セロリ
ミネストローネ ……………… 144
ラタトゥイユ …………………… 106
れんこんとセロリのレモンマリネ .. 179

□ 大根
大根とかにかまの和風サラダ …… 157
大根ときゅうりの中華漬け …… 167
ピクルス ………………………… 113
ぶり大根 ………………………… 76
冷しゃぶサラダ ………………… 86

□ 玉ねぎ
あじの南蛮漬け ………………… 70
えびマカロニグラタン ………… 50
オニスラ梅やっこ ……………… 175
オムライス ……………………… 128
親子丼 …………………………… 163
かき揚げ ………………………… 80
かぼちゃと玉ねぎのみそ汁 …… 125
韓国風肉じゃが ……………… 160
きのこの煮込みハンバーグ …… 178
牛丼 ……………………………… 132
コールスロー ………………… 111
スモークサーモンのマリネ …… 112
チキンクリームシチュー ……… 68
ツナの炊き込みカレーピラフ … 170
トマトソーススパゲッティ …… 140
肉じゃが ………………………… 32
肉野菜炒め ……………………… 30
ハンバーグ ……………………… 28
フライパンパエリア …………… 136
フレッシュトマトのスープ …… 171
ほうれん草とベーコンのキッシュ
………………………………… 108
ポテトコロッケ ………………… 64
ポテトサラダ …………………… 52
ミートボールのトマト煮 ……… 58
ミネストローネ ……………… 144
蒸し野菜のバーニャカウダ …… 104
ラタトゥイユ …………………… 106

□ トマト・ミニトマト
アクアパッツァ ………………… 82
バンバンジー …………………… 88
フライパンパエリア …………… 136
フレッシュトマトのスープ …… 171
ミネストローネ ……………… 144

□ なす
マーボーなす ………………… 166
ラタトゥイユ …………………… 106

□ ニラ
焼きぎょうざ …………………… 60

□ にんじん
あじの南蛮漬け ………………… 70
キャロットラペ ……………… 110
きんぴらごぼう ………………… 94
コールスロー ………………… 111
チキンクリームシチュー ……… 68
筑前煮 …………………………… 72
ツナの炊き込みカレーピラフ … 170
鶏ときのこの炊き込みごはん … 126
肉じゃが ………………………… 32
肉野菜炒め ……………………… 30
ひじきの煮物 …………………… 96
ミネストローネ ……………… 144
蒸し野菜のバーニャカウダ …… 104

□ ねぎ
えびチリ ………………………… 66
チャーハン …………………… 130
マーボー豆腐 …………………… 38
マーボーなす ………………… 166
焼きぎょうざ …………………… 60

□ 白菜
白菜としいたけのごまみそ汁 … 163

□ パプリカ・ピーマン
あじの南蛮漬け ………………… 70
ツナの炊き込みカレーピラフ … 170
ピクルス ………………………… 113
フライパンパエリア …………… 136
蒸し野菜のバーニャカウダ …… 104

□ ブロッコリー
チキンクリームシチュー ……… 68
蒸し野菜のバーニャカウダ …… 104

□ ベビーリーフ
グリーンサラダ ………………… 40

□ ほうれん草
ささみとほうれん草のねぎ塩和え
………………………………… 167
2色ナムル ……………………… 103

ほうれん草とベーコンのキッシュ
………………………………… 108
ほうれん草のおひたし ………… 92

□ 三つ葉
かき揚げ ………………………… 80

□ もやし
2色ナムル ……………………… 103

□ レタス・サラダ菜
グリーンサラダ ………………… 40
ミックスサンド ……………… 138
冷しゃぶサラダ ………………… 86
レタスとのりのうま塩和え …… 161

□ れんこん
筑前煮 …………………………… 72
れんこんとセロリのレモンマリネ .. 179

## 缶詰・パック

□ コーン缶
青菜とコーンのバターみそ汁 … 157
コールスロー ………………… 111

□ ツナ缶
ツナの炊き込みカレーピラフ … 170
ミックスサンド ……………… 138

□ トマト缶
トマトソーススパゲッティ …… 140
ミートボールのトマト煮 ……… 58
ラタトゥイユ …………………… 106

□ マッシュルーム缶
オムライス ……………………… 128
きのこの煮込みハンバーグ …… 178

□ ミックスビーンズ
ミネストローネ ……………… 144

## 乾物・海藻

□ 春雨
わかめ春雨スープ ……………… 161

□ ひじき・のり
ひじきの煮物 …………………… 96
レタスとのりのうま塩和え …… 161

□ わかめ
きゅうりとわかめの酢の物 …… 100
豆腐とわかめのみそ汁 ………… 124
わかめ春雨スープ ……………… 161

191

### 市瀬悦子（いちせ えつこ）

料理研究家、フードコーディネーター。食品メーカーから料理の世界へ。多くの料理研究家のアシスタントを経て独立。「おいしくて作りやすい家庭料理」をテーマに、書籍や雑誌、テレビなど幅広く活躍中。身近な素材にちょっとした工夫を加えた絶品レシピは、料理初心者からベテラン主婦をはじめ、幅広い層に人気。著書に『帰ってからでもすぐできるおかず400』（学研プラス）、『まとめて作って温めるだけ つくりおきスープ』（家の光協会）、『おいしいごちそう サラダとマリネ』（成美堂出版）、『ラクうま献立』（主婦の友社）などがある。
http://www.e-ichise.com

### STAFF

撮影：澤木央子
　　　天野憲仁（日本文芸社）
スタイリング：しのざきたかこ
デザイン：マルサンカク（菅谷真理子、髙橋朱里）
調理アシスタント：是永彩江香、織田真理子、細井美波
文：室田美々
編集：岩越千帆
校正：有限会社玄冬書林
撮影協力：UTUWA（Tel:03-6447-0070）

一番（いちばん）わかりやすい
きほんの料理（りょうり）と献立（こんだて）

2017年3月20日　第1刷発行
2021年2月20日　第5刷発行

著　者　　市瀬悦子（いちせ えつこ）
発行者　　吉田　芳史
印刷所　　株式会社光邦
製本所　　株式会社光邦

発行所　　株式会社日本文芸社
　　　　　〒135-0001　東京都江東区毛利2-10-18 OCMビル
　　　　　TEL　03-5638-1660（代表）

Printed in Japan
112170307-112210209Ⓝ05　（250037）
ISBN978-4-537-21462-8
URL　https://www.nihonbungeisha.co.jp/
©Etsuko Ichise　2017
（編集担当：河合）

乱丁・落丁などの不良品がありましたら、小社製作部宛にお送りください。送料小社負担にておとりかえいたします。
法律で認められた場合を除いて、本書からの複写・転載（電子化を含む）は禁じられています。また、代行業者等の第三者による電子データ化及び電子書籍化は、いかなる場合も認められていません。